台所探検家、

地球の食卓を歩く

岡根谷実里

WAVE出版

はじめに

「じゃがいも1個」と聞いて、どんな画を思い浮かべるでしょうか。個数を表す数字の「1」は、地球上どこでも1です。2になったりはしないし、たくさんの種類の1があったりもしません。1個は1個でしょう。数字は揺らがないのです。しかし、食べ物はそうはいきません。「じゃがいも」といって差し出されるものは、見慣れた茶色ではなく赤や紫色かもしれません。大きさだって、豆粒大から片手に乗りきらないサイズまであるでしょう。

生の時の姿だけでなく、調理の仕方にも注目です。ほくほくを楽しむ人たち、わざと溶かしてなくす人たち、そして凍らせてしまう人たち。いろんなことをする人がいるものです。さらにはじゃがいもを野菜として扱う国もあれば、主食のように食べる国も。「じゃがいも」には世界各地で無数の意味合いがあり、多様な食卓と暮らしの風景を作り出しているのです。

そんな食材と人との関わりから世界各地の暮らしをのぞいてみようという試みが、本書です。

自己紹介が遅れてしまいましたが、世界の台所探検家の岡根谷実里です。世界各地の家庭を訪れ、滞在させてもらい、一緒に料理をするという「世界の台所探検」をしてきました。私たちにとってお馴染みの食材でも、日本の外ではまったく見慣れぬ姿だったり、思いがけない使い方をしていて、驚かされることばかり。台所探検を何年続けても、驚きが尽きることはありません。そんな食卓の風景から、土地の表情がちらりとのぞき見えて、食べ進めるうちに違いが親しみに変わっていくのは、たまらなく楽しいものです。

溶けるじゃがいも、キャラメルのようなチーズ、クリスマスディナーの主役級にんじん。ページをめくるたび、知っている食材の知らない姿が待っています。どんな味で、どんな食卓で、どんな人たちに囲まれているのでしょうか。地球の食卓を歩く旅へ、出かけましょう。

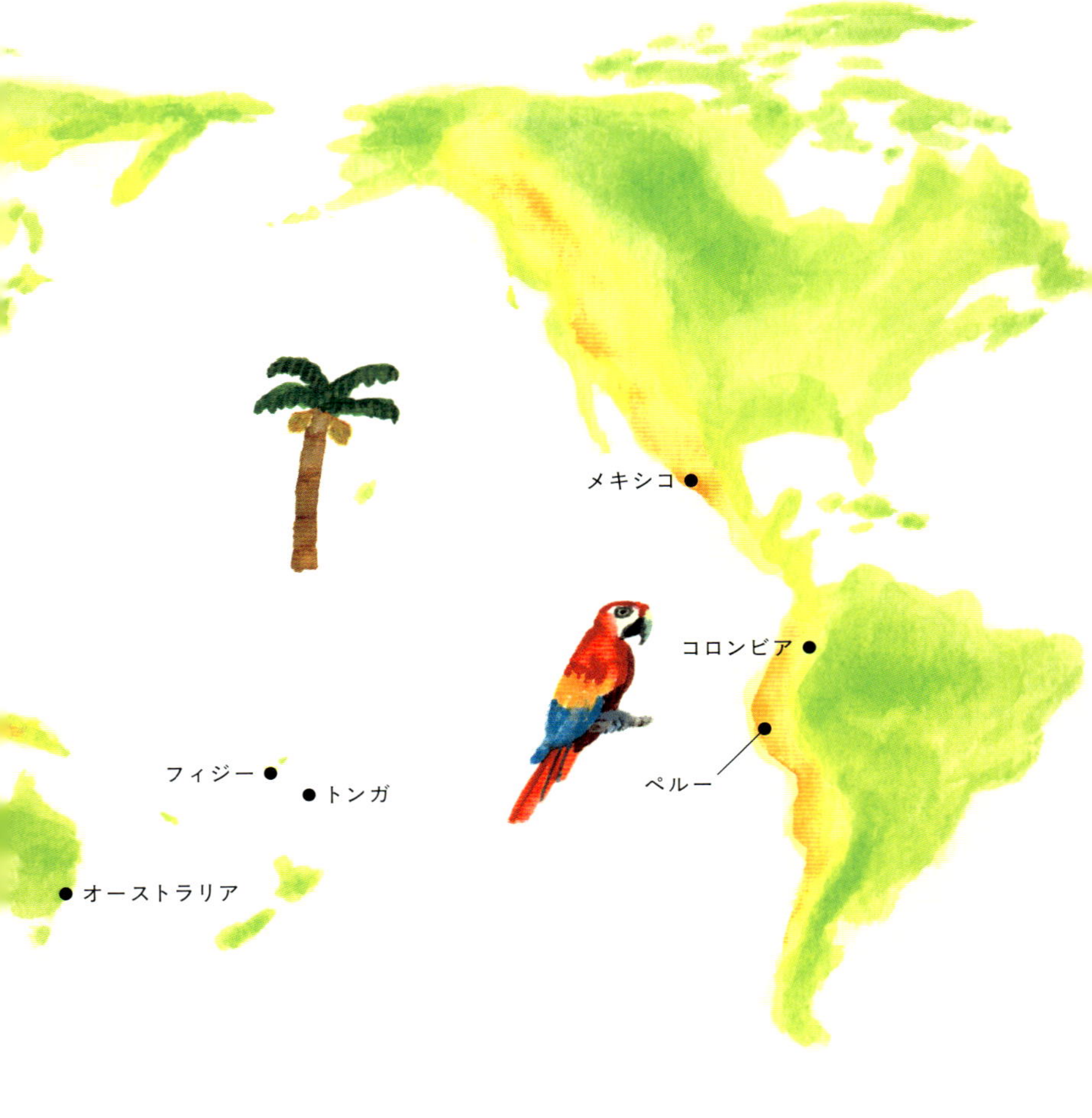

この本で紹介する国と地域

ノルウェー
アイスランド
フィンランド
オランダ
ポーランド
キルギス
モンゴル
ドイツ
ウズベキスタン
韓国
ブルガリア
スペイン
トルコ
ヨルダン
台湾
ブータン
パレスチナ
インド
タイ
ベトナム
インドネシア
ケニア
ボツワナ

もくじ

1 多彩な野菜たちと出会う台所

2 変幻自在な卵とミルク

3 肉と魚の命をいただく

4

穀物が支える毎日の食卓

5

笑顔が咲くおやつタイム

多彩な野菜たちと出会う台所

1

アンデス高地の寒さで作る保存食

ペルー「チューニョ」

肉じゃが、コロッケ、カレーライス。これら人気の料理に使われるじゃがいもは、私たちにとっておかず食材の一つだ。しかし世界にはイモを主食として食べる人たちもいる。イモを主食としてみた時、脱穀や精米などせずに食べられるという大きな利点があるものの、最大の弱点は、穀類に比べて日持ちがしないことだ。日本だと、夏場に台所に保管しようとすると、一週間もするとにょきにょき芽が生えだして一ヶ月以上もたせるのはかなり難しい。だから、保存の仕方次第でイモを10年も保存できると聞いた時は、耳を疑った。なんだそれ、米や小麦よりはるかに長いし、本当に食べ物なのか。

それに出会ったのは、『コンドルは飛んで行く』という曲で知られるペルーのアンデスの高地に滞在していた時だ。アンデス山脈は、南米大陸を南北に走る世界有数の高地で、私が訪れたのはその中でもペルーに位置する標高４０００ｍほどの村。富士山の山頂よりも高くて、これだけの高地となると育つ作物も限られるのだが、じゃがいもは寒さに強く元気に育つ。この地で栄えたインカ帝国もじゃがいもが支えたと言われるくらい重要な作物であった。そもそもじゃがいもの起源とされているのが、この近くの湖なのだ。

農家の夫婦のもとに滞在したら、じゃがいもの収穫時期である6月だったこともあり、それはもう毎日じゃがいもづくし。じゃがいも畑で働き、じゃがいもを食べ、寝ても覚めてもじゃがいも。それでも、畑からはいろんな色や形のが出てくるし、料理すると粉っぽいのからなめらかなのから味わいも多様で、まったく飽きることはなかったのだけど。

事が起こったのは、ある日じゃがいも収穫を終えて、日没間近に帰路についた時だった。イモの詰まった70kgの袋をロバの背にのせて一つずつ運ぶのだが、三つ運び、最後の四つ目になったら、なぜか家を通り過ぎて低地へと向かっていく。どこに行くんだろう。とりあえずついて行くと、村の小さな教会がある草地でロバを止め、父さんはその背からおろした小粒のじゃがいもを地面に撒き散らし始めた。呆然と眺めていたら、「チューニョを作るんだよ」と言う。なんだって！　その名前は聞いたことがあった。アンデスの寒暖差を利用して作る乾燥イモ。

「今日は雲がなくてすっきり晴れているだろう。こういう日をねらうと、翌朝にはしっかり凍っているんだ。この広場は村で一番冷えるから、みんなイモを広げに来るんだよ」

確かに周りを見渡すと、何ヶ所かに陣地取りのようにまとまってイモが撒かれている。空には一筋の飛行機雲。イモの無事を願い、「乗って帰る？」とすすめられたロバの背にまたがって帰宅した。

翌朝。早朝の畑仕事の帰りに広場に寄ると、イモは霜に覆われてカチコチになっている。しっかり凍っているのを確認して、袋に詰めてロバにのせて家に持ち帰り、それを再び家の前に広げる。たった１００mほどの距離なのに、ここの方がずっとあったかいから不思議だ。そのまま放置して家畜の世話などをして、数時間後に戻ってみると、イモが解凍されてぷにゅぷにゅになっている。ぎゅっと片手で握ると、中からぴゅっと水分が飛び出す。水鉄砲のようだ。しかし小粒のじゃがいもを一つ一つ握りつぶしていたのでは時間がかかる。たらいで足を洗っていた母さんが、おもむろにじゃがいもの上でステップを踏み始めた。ちょうど父さんのスマホから流れていたYouTubeの民謡と合って、まるでダンスのようだ。その足元では、イモはどんどん水分が出てぺっちゃんこになっていく。しばらく踏んだところで一つ手に取ると、皮もすこし外れて簡単に手でむけるようになっている。引っ張ると、じゅじゅじゅじゅとバナナの皮みたいにむけるから気持ちいい。ただしすべてむくのは結構気の遠くなる作業なのだが。

「あとはこのまま10日くらい干せばカチコチのチューニョになるよ」と言う。なるほどなあ。ここは富士山頂より高いので、夜間は氷点下になってイモが凍結するけれど、赤道直下なので日中は20度近くまで気温が上がり、その上空気がうんと乾燥している。この土地の寒暖差と乾燥した空気で、イモの水分を排出してフリーズドライにしていくわけだ。

去年干したという完成品を見せてもらったら、机に打ちつけるとカンカンと鳴るくらい硬くて黒くて、「これは庭の小石か？」と思うほど。「ちゃんと保存すれば10年もつんだよ」というから驚きだ。確かにここまで水分がなければ腐らなそうだ。それを二日ほど水につけてふやかすと、スポンジのように水を吸ってふくらんで、これをちぎってスープに入れたりして食べた。


ちなみに、味はというと。滞在中あちこちで何度か食べさせてもらったのだが、実はまだよくわかっていない。食感はキクイモのようなシャキシャキ感と焼き芋のようなねっとり感を併せ持つのだが、ある時は土っぽい素朴な風味で、またある時はねっとりクリーミー。総じて地味な味わいではあるが、食べるたびに味が違う。元のイモの品種や加工方法によるようで、「これがチューニョの味」というのがわからない。

きっと元々は、保存することで凶作の年も困らないよう備蓄にしていたのだろう。だが今は毎年安定して穫れるし、困れば米だって小麦だって買える。

「なんでわざわざこんな手間をかけてチューニョ作るの？」

と思わず聞いてしまった。すると、

「生のイモとは味が違う。チューニョじゃないとできない料理や味わいがあるからね」

と、笑顔で父さんは教えてくれた。確かに、生の大根があっても切り干し大根の煮物はおいしいものなあ。アンデスの高地で、この土地の気候のもとで生まれた保存食は、意味を変えながら現代社会で楽しまれているのだった。

3種のじゃがいもが織りなすやさしいスープ

コロンビア「アヒアコ」

じゃがいもの種類を、いくつ言えるだろうか。

男爵、メークイン…他は？

スーパーに行くと、キタアカリやインカのめざめといった品種も時々目にするけれど、日本で主に使われているのは男爵とメークインの二つで、私たちが普段の食事に使うこれらが二大品種と呼ばれる。他にも、ポテトチップスなどの加工用やでんぷんを取るための品種があり、日本全国で約20種類ほどが栽培されている。

ところが、世界に目を向けると、もっともっとたくさんのじゃがいもがある。南米ペルーにある国際ジャガイモセンターによると、なんと4000以上もの品種があるそうだ。

南米大陸にあるコロンビアはサッカーが強い国だが、サッカーだけでなくじゃがいもも「強い」。市場やスーパーに行くと、どこも5〜6種類のじゃがいもが並んでいる。赤い皮のものなんて、いったいどんな味がするんだろう。じゃがいもの原産地は、南米のアンデス山脈とされ、コロンビアもその地域の一角をなす。生まれ故郷に近いのだから、コロンビアにじゃがいもの種類が多いのも納得だ。

「今日はアヒアコを作ろう。じゃがいもと鶏肉で作る、コロンビアの代表的なスープだよ」

ロザルバ母さんはそう言って、台所に向かった。私が滞在させてもらっていたこの家は、コロンビアの首都ボゴタから車で1時間ほどの山の上。赤道直下の国だし暑いと思っていたら案外すずしくて、いつもダウンジャケットを着ているくらいだったので、あたたかいスープはうれしい。しかし、じゃがいもと鶏肉って、日本でもよくある組み合わせだな。そう思いながら、私も手伝うために腕まくりをした。

じゃがいもを取り出す母さん。ひと袋。ふた袋。そしてもうひと袋。え、そんなに？しかも、よく見ると形や色がそれぞれ違う。小さくて皮が茶色いの、中くらいで皮が赤っぽいの、手のひらからあふれるくらい大きくて長いの。3種類のイモを使うようだ。必要な数が足りなくていろいろかき集めたのかな。いやそうじゃなく、あえて3種類使おうとしているみたいだ。小学校の家庭科の授業で、「男爵はホクホクしているからコロッケに、メークインは崩れにくいので煮物に」という使い分けを習った記憶があるが、一つの料理に3種類のイモを使うなんて。頭が混乱してきた。

ロザルバ母さんは、イモを手に取ると、一つ一つ皮をむき始めた。ものすごく早い。一つの種類はピンポン玉大、もう一つはそれよりひと回り大きい。いずれも日本でよく見るのより小さいのだが、包丁を手に持ったかと思うと、一つ30秒くらいでするするとむいていく。慣れているなあ…山ほどのじゃがいもが、あっという間にむき終わった。皮をむいてカットすると、種類によって身の色が薄いのと濃いのとがあり、美しい。

さあ、準備はできた。調理開始だ。

ネギとコリアンダーの葉をビニール紐《ひも》で縛って大胆に鍋に入れ、水と鶏むね肉も加え、ゆでる。少ししたら、とうもろこしを二つに割って投入する。鶏肉に火が通ったら取り出し、その鍋にボウルいっぱいのじゃがいもを投入。塩やハーブや固形コンソメも入れる。

いい匂いがしてきた。鍋をかき混ぜると、なんだかとろみがついている。そして不思議なことに、さっきまで三色あったじゃがいもが、どうさがしても二色しかない。一つ消えてしまったのか？　そんな私の心を読んだかのように母さんは言った。

「パパ・クリオーリョは、溶けてとろみにするためのイモ。パパ・パストゥーサは、具として食べるもの。それぞれのじゃがいもに役割があるんだよ」

溶ける役割のじゃがいもだなんて！　初めて聞いた。

クリームシチューのようにとろっとしてきたところで、できあがり。スープを器に注ぎ、裂いた鶏肉をのせ、刻んだコリアンダーの葉を散らし、とうもろこしとアボカドを添える。トッピングとして、クリームとケイパーの実の酢漬けもテーブルに並べる。スープ自体はくすんだ薄茶色で地味だけれど、色々並んでにぎやかになってきたぞ。

いただきます。

ああ、やさしい味。あっさりした塩味の鶏だしスープに、じゃがいもの甘みが溶け込んで、風邪のときに食べたい味だ。辛さや強い匂いがあるわけでもなく、日本食かと思うくらい食べやすい。ともすれば単調な味だけれど、クリームやケイパーがいいアクセントになる。「アボカドを潰して入れるとクリーミーになるよ」と言われてその通りにすると、また味変して楽しい。器いっぱいのアヒアコを食べ終えると、体が中から温まり力がわいてきた。

私が知っている「じゃがいも」は、広いじゃがいもの世界の中のほんの一部だった。一つの食材であっても、その食材との付き合いの歴史が長い人たちはたくさんの種類を知っていて、巧みに使い分けているのだからおそれ入る。

徹底した合理主義
じゃがいもの美学

オランダ
「スタムポット」

じゃがいも料理は地味にややこしい。

「男爵」「メークイン」といった品種が何の料理に向くのか覚えていないといけないし、泥つきのイモを洗って皮むきするのはちょっと手間だ。しかしいずれの面倒も、オランダのスーパーではすっきり解消する。

ヨーロッパの北西の端に位置するオランダ。九州ほどの小さな国土にもかかわらず、広大な農地を有するアメリカに次いで、世界第二位の農業輸出額を誇る。じゃがいもの輸出においては世界一（ＦＡＯＳＴＡＴ、２０２２年）。特にフライドポテト用などの冷凍イモと種イモの輸出に卓越した、現代のじゃがいも大国だ。

生産されたじゃがいもは、輸出するだけでなくオランダの食卓においても欠かせないものになっている。オランダの代表的な家庭料理といえばスタムポットとヒュッツポット（ゆでじゃがいもにそれぞれ青菜やにんじんを加えてつぶした料理）、典型的なストリートフードといえばフリッツ（フライドポテト）。「30年前のオランダの食卓を見たら、毎日じゃがいもだよ」と年配の方は言う。じゃがいもの原産地は南米ペルーのアンデス高地だが、大航海時代にヨーロッパに持ち込まれ、寒さに強いことから飢饉《ききん》を救う食物として普及した。今や生産量も消費量も、南米よりヨーロッパが中心だ。

大航海時代から数百年の時を経て、今や世界中のあらゆるものが手に入るようになった。しかしじゃがいもが過去のものになったかというとそんなことはなく、その強さは健在だということを、オランダのスーパーを訪れて思い知った。店に入ると、じゃがいもの棚は入口付近にあり、大袋に入って売られている。最小サイズは１kg、最大４kg。どこのスーパーに行っても同じ2〜3種類がある。その違いは品種かと思ったのだが、袋に書かれているのは品種名ではなく、崩れやすいもの（Kruimig）、かためでしっかりしたもの（Vast kokend）などの使用目的。男爵とかメークインのように「知っている人はわかる」のではなく、誰でも迷わず目的のものが買える。初心者にやさしい。しかも泥がきれいに洗われているので、すぐ使えてありがたい。

ただ、これはまだじゃがいも祭りの始まりに過ぎなかった。この売場から先に進んだところには野菜の冷蔵棚があるのだが、中を見るとびっしりカットじゃがいもが並んでいるのだ。この種類がまた果てしない。薄切りは炒める用、千切りはフライ用、角切りはオーブン用。皮をむいてカットしたものが何種類もあり、なかにはスパイスやハーブで味付けまで完了した真っ赤なものなんかもある。帰って袋を開けてノンフライヤーやオーブンに投入したら、お茶でも飲んでいるうちにフライドポテトやローストポテトができてしまう。オランダの食は、フランスやイタリアのように作るのも食べるのも時間をかけて楽しむというより、「合理的」という言葉で表現されるものだが、このじゃがいも事情にもそれがよく現れている。じゃがいもがまるで工業製品のように扱われ、「品種に迷わないし皮むきいらずで便利！」という気持ちと「あまりにモノっぽくてなんだか…」という気持ちが半々で複雑な心情になった。

ちなみに、じゃがいもの味はというと。南米ペルーの山の上で食べたものよりははるかに水分があり、日本のものに近い。すごく個性があるわけではないが、うまみはしっかり感じられ、使い勝手がよい。

さて、じゃがいもを使ったオランダの代表料理といえば、スタムポットだ。スタム(stamp)

＝つぶす、ポット（pot）＝鍋。つまり鍋の中でじゃがいもなどをつぶす、マッシュポテトのような料理だ。初めて食べたのは街外れの夫婦の家だったが、大胆な調理法に驚いた。

「スタムポットにはこの粉っぽいのを使うんだよ」

妻ダニエラが、じゃがいもの袋を取り出した。見ると、イモをつぶすマッシャーのアイコンがついている。まずはこのじゃがいもをゆでる。すでに洗って売られているので泥落とし不要。袋からざざっと鍋にあける。袋に書かれたゆで時間は15分。その間に青菜を用意する。といってもこれもまるごと株の状態からではなく、取り出したビニールのパッケージには、洗って千切りまでしたものが入っている。

「エンダイブっていう野菜で苦味があるんだけど、スタムポットにするとおいしいの」

そう教えてくれながら、ダニエラはばさっとボウルにあける。そこにマヨネーズと酢を少々加えて、フライパンでカリッと炒めたベーコンチップも入れてまぜる。味見して「うん、いい感じ」とにっこり。おいしそうなサラダができた。

そうこうするうちにじゃがいももゆであがったので、水を切り、ここでマッシャー登場。じゃがいもを、ボウルに出さず鍋のままつぶし始めた。大胆である。少し形が崩れたところで、エンダイブとベーコンのサラダを投入。サラダとして十分おいしいから忘れていたが、このレタスのようにしゃきしゃきな青菜もじゃがいもと一緒にしてつぶしてしまうのだ！　じゃがいもに巻き取られ、つぶされていく緑の葉。じゃがいもの余熱でしんなりしていく。ひとくちつまんで味見して、「もうちょっとかな」と塩胡椒を足してまぜ、頷くダニエラ。「よし食べよう」といって鍋ごと食卓に運んだ。器に移さず鍋ごといくのか。ゆでるのもつぶすのも食べるのもワンポットで完結。合理的だ。

添えられた大きなスプーンで、つぶされたイモ、もといスタムポットを自分の皿に取り、夫のメノが作った大ぶりの肉団子をのせて食べる。つぶしたじゃがいもは、ほかほかのマッシュポテトとも冷たいポテトサラダとも違う、その中間の感じ。ともすればぼんやりした味になりがちなじゃがいもにシャキシャキした葉っぱの食感が入ると、なかなかいいものだ。メノはお皿に盛った分を5分で食べ終え、おかわりしてまた超速で食べた。私も周回遅れを取りながらおかわりした。

オランダのじゃがいも風景を通して何よりも印象に残るのは、果てしない合理性であった。じゃがいもと肉団子とサラダを別々に盛り付けたら見た目も美しいと思うのだが、全部まぜて一気に食べられるようにするところがオランダらしい。じゃがいもの売り方から料理の仕方から食べ方まで、一貫した合理性の追求におそれ入る。何十種類ものじゃがいもを育てて手間をかけた保存食を作るアンデス高地とは異なる、この国らしいじゃがいもの美学を感じるのだった。

ふるさとの味は　ジュースのようなトマト

ブルガリア　「ピンクトマト」

真っ赤に熟れた夏のもぎたてトマトは、シンプルにして最高だ。むっちり実った果実にかぶりつくと、芳醇な果汁が口を満たし、渇いた喉をうるおしていく。子どもの頃、トマトの丸かじりは夏のご馳走だったっけ。

しかし、「留学中に一番恋しかった食べ物は、トマトなんだよ」とブルガリア人の旧友に言われた時はさすがに首を傾げた。

彼女の名前はツヴェティ。私がオーストリアの大学院に留学していたときの親友で、建築学を学ぶまじめでやさしい子だ。留学中もブルガリア料理を作ってくれたりした。それぞれ帰国してからはたまに連絡をとる程度だったのだけれど、7年越しにブルガリアを訪れて再会し、その時にトマトの話をされたのだ。

確かに真夏のトマトはおいしいけれど、そこまでか？　お母さんの手料理でもなく、子どものころから大好きなお菓子でもなく、トマト??

しかし私も2週間のブルガリア滞在を経て最後の日に「何食べたい？」と聞かれたら「トマト！」と答えるようになっていた。それくらい、ブルガリアのピンクトマトは特別なのだ。

ところでトマトというのは、おばけみたいな規模を誇る野菜だ。野菜の中で最も生産量が多く、年間1億8600万トンほどのトマトが世界で生産されている（FAOSTAT、2022年）。数字が多すぎて想像が難しいが、二番目に生産量が多い野菜である玉ねぎ（1億1000万トン）をはるかに凌ぐ量だ。野菜というのはそれぞれ栽培に適した気候があるので栽培地域が限られるのだが、トマトは世界約200ヶ国のうち170ヶ国以上で栽培され、1万以上の品種があるらしい。私たちが普段目にする生食用トマトは、丸くて赤色のものが多いけれど、紫や緑やオレンジのもの、ゴツゴツしてたり長細いもの、およそトマトに見えないものもあったりする。そのほかに加工用の品種もあり、トマトケチャップやトマトジュースやトマト缶、多種多様なソースのベースにも使われる。

ブルガリアのピンクトマトは、そんな1万種類のトマトのうちの一つだ。初めて市場で見た時は、特に気がつかず素通りしていた。だって、見た目に際立った点はないのだ。皮はピンクがかった赤で透き通った色合い。むっちり太って桃太郎トマト型だ。ただしサイズは日本のスーパーで見かける桃太郎トマトよりだいぶ大きくて、広げた手のひらからあふれるくらいある。今思えばこの大きさになぜ目をとめなかったんだと思うけれど、真夏の市場には何種類ものトマトが並び、家庭菜園で育てたのかと思うほど形や大きさがバラバラで、その大きさすらもことさら目立ちはしなかったのだ。それよりも隣に置かれた黄色いトマトが気になっていたくらい。ツヴェティに連れられて一緒に買い物に行き、「これがピンクトマトっていうんだよ」と言われて初めて認識した。

ピンクトマトといくつかの野菜を購入し、家に帰って昼食の支度。トマトを切ったら、その断面の美しさに目を見張った。あんなに大きくてむちっとしていたのに、外側の壁はやわらかく薄くて、中には濃い真紅色の果肉がみっちり詰まっている。みずみずしいを超えて、もはやジュースが薄い皮に包まれてようやく固体の形を保っているようだ。見惚れていたら、ツヴェティはトマトを角切りにし始めた。

「ブルガリアの夏といったら、ショプスカサラダ。夏じゅう毎日のように食べるんだよ」

そう言いながら、きゅうりも角切りに。そこにシレネという白くてしょっぱくてほろほろ崩れるチーズを手でほぐして入れ、塩、ひまわり油、レモンをひと搾り。ざっとまぜて食卓へ運び、白いパンも出して昼食となった。

皿に取り、フォークですくってひとくち。舌の中でトマトのゼリー質が踊る。ジュース以上にジューシーで、うまみと甘味が口を満たし、トマトのエキスを食べているんじゃないかと思うくらい濃厚だ。シレネの塩気が加わると、うまみがいっそう引き立ち、もう止められずに食べ続けてしまう。ボウルいっぱい作ったサラダも、高速で減っていった。

ボウルが空に近づき、名残惜しんでいたらツヴェティが口を開いた。

「このサラダの醍醐味は、最後に残った汁なんだよ」

なんだって？　サラダボウルに残った汁が？　残り汁としか思っていなかったけれど、考えてみれば確かに捨てるにはもったいない。塩であえたトマトは汁気がにじみ出る。ピンクトマトは特に汁気が多いので器の底にたっぷり1㎝ほど液体が残り、そこにシレネの砕けたのやオイルがまじって冷たいスープのようになっているのだ。「この汁にパンを浸して食べるのが大好きなの」という彼女にならってパンをちぎり、ボウルに直接浸して汁を含ませる。汁が滴る前に急いで口に運び、言葉を失ってしまった。サラダのおいしいところがぎゅっと凝縮して、それをスポンジのように吸ったパンはうまみの塊と化していた。

翌日はピンクトマトを厚くスライスしたものとシレネを塊に切ったものを大胆に皿に積んで食べ、その次の日はくしぎりピンクトマトをたらふく食べた。皮が薄くてやわらかいこともあり、飲むように食べてしまう。こんな贅沢なことがあろうか。「オーストリアにももちろんトマトはあるけれど、このピンクトマトはブルガリアにしかないからね。留学から帰ってきて真っ先に食べたいとリクエストしたのは、ピンクトマトだったんだよ」と彼女は言う。

ところがこのピンクトマトは、いま危機に瀕《ひん》している。

スローフードインターナショナル(*)の選定する、守るべき伝統食材約6000品の「味の箱舟」というリストがあるのだが、その中でも特に消滅の危機に瀕した食品約600品のリスト「プレシディオ」に選ばれているのだ(数字はいずれも2024年10月時点)。選ばれているというと聞こえがよいが、まったく名誉なことではない。それによるとピンクトマトは甘くて香り高くてそのおいしさは疑いようがないが、皮がやわらかいため輸送に向かず、栽培も手間がかかる。よって価格は普通のトマトの3倍にもなることがあり、高収量で皮が硬い品種に押されているそうだ。ではその「高収量で皮が硬い品種」とはどんなものか。世界一のトマト輸出国はオランダだが、ここでは垂直農法（制御された屋内環境で、水耕栽培などの容器を積み重ねてＬＥＤ照明を使って栽培する方法）などを取り入れ、工業的に高効率な栽培をしている。トマトは輸送に耐えられるように皮がしっかり硬く、投げてもびくともしないほど。丈夫な代わりに果実は水っぽく、隣国ドイツのメディアには「水爆弾」と呼ばれ、オランダ人ですら「オランダのトマトは味がしない」などと言う。おいしいトマトではなく、便利なトマトなのだ。

1万以上の品種がある中で、世界中に輸出されて食されているのは、水爆弾なんて呼ばれるトマト。量と、質と、経済性と。食の選択というのは、単純に「おいしい」だけではなく経済がからんだややこしいものだ。

＊「おいしい、きれい、ただしい（Good, Clean, Fair）食べ物をすべての人が享受できるように」を掲げる世界的な組織。イタリアのブラに本部を置く。

カラカラの砂漠で作る絶品トマト料理

ヨルダン「カラヤット・バンドゥーラ」

どんな手間のかかったご馳走よりも、地味で素朴で目立たない料理に強く惹《ひ》きつけられてしまうことがある。カラヤット・バンドゥーラは、そんな料理だった。トマト、玉ねぎ、油と塩。たったそれだけの材料で、こんなに素晴らしい料理が生まれるのだから。

その料理に出会ったのは、カラカラに乾いたヨルダンの砂漠でのことだった。ヨルダンは、中東に位置する小さな国だ。面積は日本の4分の1、人口は10分の1。面積の割に人口が少ない理由の一つは、国土の大半が砂漠に覆われているから。地理的には、ヨーロッパとアジアをつなぎ、アフリカ大陸への入口にもなっている。ゆえに昔から交易の通行路になっていて、ラクダの背に物をのせて列を組んで運ぶ「ラクダの隊商」が行き交った土地だ。

そんな砂漠にも生活する人たちがいて、それがベドウィンと呼ばれる遊牧民族の人たちだ。ラクダやヤギや羊を飼育し、古くは物の輸送の警護を担ったりして生計を立ててきた。季節によって移動する遊牧生活を送っており、家は布と木の棒でできたいわゆる「テント」だ。といってもキャンプのテントのような寝るためだけの三角屋根ではなく、運動会の時に校庭に立てるもののように四角くて大きくて、広々している。砂漠に電気は通っていないから、冷蔵庫も洗濯機もテレビもなく、テント内は一層広々している。私がお世話になった一家は、その時は40代の父さんと70代くらいのその母、それから20歳前後の息子の三人暮らしだった。妻は、学校に通う子どもたちの世話があるので街にいるのだという。

さて、食べ物はと言うと。冷蔵庫がないので、肉やなまものは保存できない。移動式の生活とあって、調理道具も最小限。部屋の片隅に置いてある段ボール箱が「食品庫」になっていて、中には自家製のオリーブ漬けやトマト缶、じゃがいもに玉ねぎといった比較的日持ちのする野菜が入っていた。

朝ご飯は、火をおこしてお湯を沸かして砂糖たっぷりの甘いお茶を淹れ、自家製オリーブ漬けの瓶を開けて皿に出し、それをおかずに平たいパンをお腹に収める。食べ終えたら仕事開始だ。飼っているヤギに草を食べさせに出かける。砂漠というと草木の生えない禿げた大地に思えるけれど、実は岩陰など水が湧き出るところには草の生えるスポットがあって、そこはヤギにとってのレストランだ。父さんはヤギの群れを連れ、家から歩いて岩場に向かう。着いたら、どこまで奥の方に行くか、いつ帰るかは、ヤギ次第。ヤギが食事をしている間に人間も、ということで食事の支度を始めた。

砂漠に生える小さな茂みの枝を拾い集め、焚き火を作る。父さんの左手に、ロープで縛った袋と少しの野菜が入った鍋があることに、今気がついた。といっても、野菜はトマトと玉ねぎだけ。あとは袋に入った小麦粉。これだけで何か作れるのか？

彼は、勢いよく燃え始めた炎に鍋をのせた。油を注ぎ、玉ねぎを刻んで投入する。刻むといってもまな板などはなく、父さんは鍋の上に玉ねぎをかかげて切っていく。左手に玉ねぎをにぎり、右手のナイフで縦横に切れめを入れたのちに、スライスする方向に刃を動かすと、粗いみじん切りの玉ねぎがぽろぽろと鍋の中に落ちていく。その手つきの力強いことと言ったら！　私だったら、手が切れるとか火傷するとか不安になってしまうけれど、そんな恐れなどまったく感じさせない手つきで、ガシガシと空中で切っていく。

鍋の中では玉ねぎがジューージューーと勢いのいい音を上げ、甘い香りが立ってきた。玉ねぎの炒まるにおいというのは、どうしてこうも食欲をそそるのだろう。そしてトマトを刻んで投入。トマトも玉ねぎと同じく空中切り。上手だなあ。しばらくすると、トマトの形が崩れていく。ことこと煮えるなんて生やさしいものではなく、ぐつぐつと煮えたぎって、マグマのようだ。

塩を加え、10分ほどたっただろうか。煮詰まってとろりとしてきたところで火から下す。トマトが煮える間に、父さんは横でパンも焼いていた。といってもオーブンがあるはずもなく、焚き火で熱した砂の中にパン生地を埋めて焼いたのだ。小麦粉と水と塩だけで焼いた円盤状のパンは、ふわふわなどというものではなくずっしり重い。父さんは、直径30㎝ほどもある巨大パンを空手チョップで割って、一切れ渡してくれた。まったく無駄のない動きで、ずっと無口だ。そして料理をしながらも時折ヤギの方に目をやっている。

鍋中の煮えたぎったトマトは金属のたらいのような器に移し、そこから一同パンですくうようにして食べる。ひとくち。なんて甘いんだ。甘みというか、うまみがすごい。トマトと玉ねぎだけで、こんなにうまくなるなんて。そういえば、玉ねぎもトマトもうまみ成分のグルタミン酸を多く含む。高温の油で加熱したのがよかったのだろうか。見た目はシンプルなトマトソースのように地味なのに、果てしなく深く濃い味わい。飾り気のない見た目ゆえに、うまさの迫力がひときわだ。

パンはというと、こちらも負けていない。灰色がかっていてずっしり重くて小麦の香りが深い。本物の食べ物という感じの威厳だ。手加減なくうまさを発揮するトマト炒めを受け止めても、余裕で存在感を発揮してくる。

しかし、興奮する私とは裏腹に皆特におしゃべりをすることなく、ヤギの方を見ながら淡々と食べている。こんなにもうまいものだけれど、うまいうまいと言って食べるものではなく、お腹におさめるものといった感じ。淡々と食べ、腹を満たし、働くエネルギーに換えていく。食ってそういうものなのかもと妙に納得させられる。

ちなみにこの料理の名前、父さんに聞いたら「トマトと玉ねぎ」と言われた。後で調べるとカラヤット・バンドゥーラ（アラビア語でフライパントマト）というれっきとした名前があるようなのだが、確かにこの時のは「トマトと玉ねぎ」くらいそっけない方がしっくりくる。

その場を片づけ、ヤギたちのもとへ向かった。

ぴりりと辛くふわりと甘い揚げなすの変身

キルギス「姑の舌」

なすは英語でエッグプラントという。訳するならば、卵の植物。不可思議である。あの紫で長いなすのどこが、卵なんだ。色も形も似ても似つかないのに、一体誰がエッグプラントだなんて呼びはじめたのだろうか。

そう思っていたのだが、実は卵みたいななすがあるらしい。なすの原産地はインド近辺とされるが、この地域にある原種に近いなすは、皮が白くて丸くて小さくて、卵みたいらしいのだ。そんななすがあるなんて、考えたこともなかった。

そういえば、世界各地でなすの形というのは、かなり多様だ。日本や中国では長いなすをよく目にするけれど、ヨーロッパのはもっと大きくてむっちり太っている。反対にタイやベトナムではそれこそ卵より小さいサイズの緑や白のなすをよく目にする。薄紫色で縞模様の入ったのや薄緑色のもの、色も形も多様だ。中央アジアで出会ったなすは、日本のよりちょっと長め。その形を利用した、「舌」のような料理がおもしろかった。

その料理に出会ったのは、真夏のキルギスでのことだった。中央アジアにある高原の国で、夏でもけっこう涼しい。まったく馴染みのない国なので遠く感じていたのだが、顔つきがびっくりするくらい日本人と似ていて驚いた。地図を見ると、中国から天山《テンシャン》山脈を越えた西側に位置している。

お世話になったのは、キルギス東部のカラコルという街の大家族。夏の間は離れて暮らす孫も来て、三世代でにぎやかだ。ある日の昼食。午前中に出かけて帰るのが昼過ぎになり、前日の残り物とさっとできる一品で昼食にすることになった。なすを取り出した母さんは「姑《しゅうとめ》の舌」を作るという。姑とは、女性から見て結婚相手の母のことだ。結婚したての若い女性にとって姑は「口うるさく手厳しい存在」というのが、日本で昔からあるイメージで、嫁姑の関係をめぐることわざなどもある。「料理名の由来は、舌のように長くて、姑の言葉のようにぴりっと辛いからかな？」というから、キルギスでも同じなのか。

さて、その姑の舌とはどんな料理なのか。母さんは、なすを縦にして、薄く均一な厚さにスライスしはじめた。こうやって切ると、なすって案外長いものだ。見慣れた日本のなすよりも長めだというのもあるけれど、手のひらの一番下から中指の先に届くくらいまである。それを冷たい塩水に数分浸してアク抜きした後、キッチンペーパーでおさえるようにして水分をとる。それをガス台のそばに持っていき、多めの油を満たしたフライパンに投入。じゅわ！　いい音が上がる。２枚、３枚と並べて、ぴんとしていたなすがしなっとやわらかくなり、両面ほんのちょっとだけ茶色く色づいたら取り出して、バットに上げて油を切る。ぺろんとして、確かに舌っぽくなってきたぞ。

母さんは次々となすを揚げていく。それを台所の隅のテーブルに運んで、次は子どもたちと私の仕事。刻んだ生にんにくをまぜたマヨネーズソースを「舌」の片面に塗り、くし形に切ったトマトを置き、包みこむようにくるりと巻く。簡単な手順なのに、なかなかきれいでおしゃれに仕上がるではないか。塗って、置いて、くるん。

「この料理は冷たくしてもいいんだけど、温かいうちに一つ食べてみて」と言われ、待ってましたよとばかりに手を伸ばして一つ口に入れると、予想外の辛さにむせた。白いから油断していたのだが、生にんにくがたっぷり入っていたんだった。唐辛子のような燃える辛さではなく、突き刺すような鋭い辛さ。これが姑の言葉か！　しかし、落ち着いたら、深い味わいがゆっくりとやってきた。油を吸った揚げなすは、甘くジューシー。ガツンとしたにんにくの風味、トマトの酸味、そしてマヨネーズのクリーミーさが相まって、ひとくちで味わい深い。姑のひと言は最初は鋭かったが、後からじわじわ楽しませてくれた。

「キルギスは遊牧文化の国だから肉料理が多いけど、うちは野菜料理もよく作るの。この料理はキルギス料理というより、ロシアを中心とした旧ソ連の国々に共通の料理なんだけど、家族みんなの好きな料理の一つなの」

姑の言葉だったら耳を塞ぎたいけれど、姑の舌はみんなに歓迎されているようだ。


ところで、キルギスで出会ったなす料理でもうひとつ忘れられないものがある。直訳すると「甘酸っぱいなす」という料理名なのだが、これは別の家庭でもてなしの食卓の一品として作ったものだ。なすの皮をむいて乱切りして、小麦粉をつけて油で揚げる。それをスイートチリソースにからめてセロリの葉を散らしたら完成。姑の舌と同じように揚げたなすの料理なのだが、カリッとした衣の中から出てくるふわとろのなすは別物の食感。甘酸っぱいタレが絡むと、手が止まらないおいしさだ。中学生になるこの家の娘はこれが大好物で、揚げるそばからつまみ食いに忙しかった。

なすという野菜は、卵形から長いものまで種類も豊富だけれど、一種類のなすからでもその変化幅は底知れず。奥深いなすの魅力にますます夢中になってしまう。

巨大焼きなすはつぶしてレモンで

ヨルダン「ババガヌーシュ」

中学生の頃なすはあまり好きではなかったが、焼きなすだけは別だった。魚焼きグリルで黒焦げに焼いたなすの皮をむいて、冷蔵庫でよーく冷やしたところに、鰹節をかけて食べる。なすのやさしい甘さと香ばしさ、つるっとした口あたりがたまらない。大人になってからは、焼きなすのない夏なんてありえないと思うほど、焼きなす好きになった。そんなわけで焼きなすは「日本ならではの料理」と思っていたのだが、このおいしさを知っているのは日本人だけではないようだ。

その料理を教えてくれたのは、シリア出身のサマルさん。２０１１年に始まったシリア内戦で隣国ヨルダンに逃れ、もう十年来ヨルダンの首都アンマンの集合住宅に夫と大学生の息子と共に暮らしている。料理上手で世話焼きで、私がヨルダンを訪れた時にはいろんな料理を教えてもらいお世話になった。日本に帰ってからもしばしば連絡をとっていた。

「ねえサマル、日本でも作れる夏野菜の料理あるかな？」

コロナ禍で家にこもっていた夏、メッセージを送ってみた。日本向けにオンライン料理教室を一緒にやりたいという相談を彼女に持ちかけられ、何ができるか考えていたのだ。

そもそも日本の夏にどんな野菜があるか、手に入る調味料は何か、説明するところからだったから長い話だったのだけれど、最終的に「なすを使ってババガヌーシュを作ろう！」ということになった。ババガヌーシュってなんだろう。名前がおもしろい。

「材料は、なす1本、にんにく1片、レモン、油、それからくるみとトマトとミントをちょっとずつね」

言われたままに食材リストを作り、参加者に送り、自分も準備して当日を待った。

当日。旬のなすを用意した15人ほどが画面の前に集まった。サマルは早速説明を始める。

「まずはなす。直火でグリルするよ」

そう言われて、日本側の全員が用意したなすを魚焼きグリルに入れようとしたら、サマルは驚きの行動に出た。ガスコンロの火をつけて、そこになすを直接置いたのだ！ さらに驚くことに、なすがとんでもなく大きい。5歳児の顔くらいあるんじゃないだろうか。

むっちり太くてごろんと大きくて、どう考えても私の手元のなすの4倍はある。まるで鍋のように堂々とガスコンロの火の上に鎮座したなすが、ゆっくり黒くなっていく。同じようにしようかと思ったが、私のなすは小さすぎてすぐ炭になってしまいそう。おとなしく魚焼きグリルに入れることにした。焼ければよいのだ。そのうちしっかり黒焦げになった。

「焼き上がったら皮をむくよ」

サマルも、日本側の皆も、熱さと戦いながら皮をむく。やっていることは同じだ。でも、サマルのはなすがあまりに大きいから、同じことをやっている気がしない。なんだあの巨大なす。

焼きなすだったらここで縦に裂いて鰹節と醤油をかけるところだが、ババガヌーシュはフォークの背でつぶす。私のなすは、小ぶりなデザート用フォークで容易につぶれる。サマルの手元では、肉を食べるような大きなフォークでぐいぐいとつぶされている。大きくてむっちりして存在感のあったなすが、みるみるつぶれてとろんとして、ペーストになっていくのが画面越しに見える。そこに刻んだトマトとミントを混ぜ、味付けはにんにくをつぶし、レモン汁をぎゅっとしぼり、塩をひと振り。サマルはざくろのシロップもかけた。形だけじゃなく味も、どんどん焼きなすとかけ離れてきたぞ。

サマルは、ひとくち味見をして頷いて、最後の段階へ。

「盛り付けは大事だよ」

と言って平らな丸皿を取り出した。焼きなすのペーストをスプーンですくって、丸く薄くのばし広げる。くるみを散らして、周りにもひまわりの花びらのようにくるみを並べていく。

「絵を描くようにね。食べ物は、まず目で食べて、それから鼻で食べて、そして口で食べるものだから」

そうだった。彼女は、生活のために仕事をかけもちしていつも忙しくバタバタしているけれど、料理の盛り付けとなると、時が止まったように落ち着いて丁寧にやるのだ。そして最後にルビーのように輝くざくろの粒を散らし、鮮やかな緑のミントを飾って、完成だ。絵画のような美しさ。焼きなすは地味な料理と思っていたけれど、こんなに美しい料理になるなんて。

ただ一つだけ問題があったのは、私たち日本側のなすは小さすぎたということ。サマルのババガヌーシュは大皿いっぱいに広がったけれど、私たちのは小鉢程度になってしまった。それでも味は上出来。焼いたなすの香ばしさに、レモンやミントの爽やかさとにんにくのガツンとした風味が加わり、くるみのこりっとした食感も楽しい。焼きなすとは趣の違うおいしさに、参加してくれた人たちも驚きながら完食。

「次は日本のなす4本でぜひ…」と頭を下げる私に、皆笑って頷いてくれた。

ちなみに、この3年後にヨルダンを再訪し、ババガヌーシュには「兄弟」がいることを知った。つぶした焼きなすにタヒニと呼ばれる白ねりごまペーストなどをまぜたムタッバルというものだ。ババガヌーシュとは打って変わってクリーミーで、ピーナッツバターのようだ。そしてヨルダンの市場に行くと巨大ななすがあって、「サマルのレシピのなす1個ってこれのことだったのか」と笑った。

サマルのおかげで、焼きなすはつるんと食べるだけでなくつぶしてもよいものだと知った。ただ、それにつけても、なすの大きさには要注意だ。

かぼちゃがまるでキャンディ

メキシコ「ドゥルセ・デ・カラバサ」

かぼちゃは、活躍の幅の広い野菜だ。おかずにもお菓子にもなる。煮物や天ぷらもいいけれど、ポタージュにしてもいいし、パンプキンパイやマフィンもいける。冬至にはかぼちゃのいとこ煮、ハロウィンにはかぼちゃのパイ。洋風にも和風にもなって万能だ。産直に行けば、緑の皮やらオレンジの皮やら種類も多いし、私たちの食卓で大活躍している。だから、かぼちゃの「生まれ故郷」に行けば、もっともっと多様なかぼちゃ料理があるのだと思っていた。その食材がずっと昔からあった原産地では、品種豊富で料理も充実しているものだからだ。

かぼちゃの原産地は、メキシコ周辺の中南米だとされている。このあたりは私たちが食べる多くの食材の原産地になっていて、かぼちゃの他にも、とうもろこし、唐辛子、カカオ、じゃがいも、トマトなどはこの地が原産だ。大航海時代に訪れたヨーロッパ人が自国に持ち帰って、そこから世界に広がっていったのだそうだ。

メキシコに行くと決めた時、どんなかぼちゃ料理があるのだろうかと楽しみにしていた。ところが、困ったことに（？）、メキシコに何日過ごしていてもかぼちゃ料理が見当たらないのだ。とうもろこしはタコスにスナックにおかゆになったりと大活躍で、唐辛子は10種類以上を使い分けていて、カカオは飲み物やお菓子だけでなく料理にも使うのに。唯一出会ったのが、かぼちゃを黒糖で煮たデザートだった。

「死者の日だから、ドゥルセ・デ・カラバサを作ろうかね」

ルーシー母さんが言って立ち上がった。死者の日というのは毎年11月1日と2日に行われる行事で、亡くなった先祖たちが帰ってくるとされている。先祖が帰ってくるといえば、日本ではお盆。静かな時期だけれど、メキシコでは大きなお祭りだ。街を歩くとカラフルな切り絵飾りがそこかしこに施され、足元はマリーゴールドの鉢植えで埋め尽くされ、街全体が明るくなっているようだった。大学生の息子リチャードは、「前日は友だちと仮装パーティーして、当日は街のパレードを見にいくんだ」なんて楽しそうに語っている。

その死者の日によく作る料理の一つが、ドゥルセ・デ・カラバサ。メキシコの公用語であるスペイン語で、ドゥルセは甘いお菓子、カラバサはかぼちゃという意味なので、ドゥルセ・デ・カラバサというのは「かぼちゃのお菓子」ということになる。

で、このかぼちゃがとんでもない。親戚の家に行ってかぼちゃをもらってきたのだが、見た目は見慣れたかぼちゃなのに、包丁を入れようとすると全然刃が立たないのだ。よく見ると、皮がつるっつるしていて殻のように硬い。

「普通の包丁じゃダメなんだ」と父さんが特別刃渡りの長いのこぎりのような包丁を持って登場し、力いっぱい挑んで、ようやく割れた。皮は薄くて、プラスチックのように硬い。そこから種をかきだし、日本の煮物の二倍くらいの大ぶりにカットして、カスエラと呼ばれる素焼きの平たい大鍋に入れる。

「カスエラで料理するとなんでもおいしくなるんだよ」

そう言いながらルーシー母さんはどんどんかぼちゃを詰め込んでいく。かぼちゃの山ができていく。そこに棒付きアイスのような形の黒糖の塊を2つどんとのせ、シナモンスティックも手で割って2本入れ、かきだした種までも投入して、水を入れて火にかけた。かぼちゃの煮物にちょっと似ているけれど、おそろしく大胆だ。

「このまましばらく弱火で煮るの」

言い置いて母さんは台所から出て行った。

私もリビングルームに戻り、みんなの会話に加わった。しかし鍋が気になって仕方ない。しばらくして鍋の様子を見にいくと、水がぶくぶくいって黒糖の塊が少し溶けている。この大きな塊が溶けるのは時間がかかりそうだ。「気長に待ちなさい」なんて母さんにたしなめられた。

一時間経った。まだ全然。一時間半経った。黒砂糖の塊が溶けて煮物みたいになってきた。「もう完成？」と尋ねたら「まだまだだよ」と笑われた。煮始めから2時間経った頃、鍋をのぞいたら、かぼちゃがキャラメルのような飴《あめ》色の輝きを放ち始めていた。「もう完成？」と尋ねると、彼女はにっこり笑って火を消した。ようやくだ。

冷めるまで待って、ルーシー母さんは飴色のかぼちゃをひと切れ小皿にとって、それから種もすくってのせて渡してくれた。「本当は明日の朝まで置いた方がおいしいんだけどね」と言いながら。

かぼちゃをスプーンで切ってひとくち。キャンディみたいだ。食べ慣れたかぼちゃのようにほくほくではなく、むしろみずみずしい。あんなに黒砂糖を入れたら甘すぎるんじゃないかと心配したけれど、かぼちゃ自体が水っぽくて甘くないからちょうどいい。そこに息子リチャードがやってきて一言。

「ミルクを忘れているよ！」

冷蔵庫から取り出したミルクを皿のかぼちゃにかけると、茶色いシロップに白いミルクがにじむように広がっていき、黒糖の濃厚な甘さがキャラメルのようにまろやかになり、実によい。

硬かった皮は、煮てもやっぱりプラスチックのようにカチカチで、到底食べられない。そのかわりに「種を食べなさい！」と言われた。種は細長くて日本のかぼちゃよりひとまわり大きくて、ひまわりの種みたいに殻をむいて食べる。おもしろいなあ。

かぼちゃを砂糖で煮たものといったら、日本でおばあちゃんがよく作ってくれるかぼちゃの煮物しか知らなかったのだが、ドゥルセ・デ・カラバサは全然別物だ。おかずじゃなくてデザートで、身は水っぽくて、皮は食べられないけれど種は食べる。ここまですべてが違うと、もうすがすがしい。

甘さの余韻に浸りながら、残っていた疑問を母さんに聞いてみた。

「かぼちゃを使った他の料理ってあるの？」

ちょっと考えてから、母さんは答えた。

「種は炒って食べたりすりつぶしてモレっていうソース状の料理にしたりするけれど、身の部分は思いつかないねえ。あるはずなんだけど」

調べてみたら、この地域のかぼちゃの歴史は1万年前に遡り、栽培し始めた頃の最初のかぼちゃは身が小さくて苦かったらしい。それでも硬い皮が寒さから守ってくれるから重要な食料として使われたようで、種は高タンパクで保存がきくから重宝され、茎も花もすべて利用されたようだ。なるほどと膝を打ったのは、「中身をくり抜いた皮を器として使った」という話。かぼちゃが器だなんてびっくりだけれど、確かにこんなに硬ければ容器にしたくもなる。そして、種や皮や茎や花にも価値があったのならば、身を使った有名な料理があまり残っていないのもなんとなく納得できる。ひょっとして大昔のかぼちゃは、中身よりも皮の方が価値があったんじゃないか？

私たちが今食べている野菜のほとんどは、野生の時の姿とまったく違うといわれる。食材の生まれ故郷を訪れ、その歴史に触れると、大きな変身をとげた姿に驚かされるものだ。

洗面器いっぱいズッキーニの肉詰め

パレスチナ「マハシ」

ズッキーニという野菜は、ここ10年ほどで一気にポピュラーになった。きゅうりを太くしたような形で、スーパーで見かけるのは緑のものが多いけれど、黄色も時々ある。みずみずしくて生でサラダにしても食べられるが、厚めの輪切りにしてフライパンで焼くと、ぐっと甘さが出てちょっとほっくりしていい。長細い形を活かして、千切りスライサーで細い麺状に切ってパスタに見立てる「ズッキーニのスパゲッティ」なんていうのもある。きゅうりに似ているけれど、きゅうりのような青臭さはなく、加熱して食べることが多い。ゆえにきゅうりではないけれどその「親戚」なんだと思っていた。だから、実はきゅうりよりかぼちゃに近いと知った時は、本当に驚いた。

図鑑で調べると、きゅうりはウリ科キュウリ属なのに対して、かぼちゃとズッキーニはいずれもウリ科カボチャ属とされている。そういわれてみれば、かぼちゃを長細くして水っぽくさせたらズッキーニになる気もする。ズッキーニもいろんな形や大きさのものがあるし。いずれにしても、植物学的にズッキーニはかぼちゃだということなので、ズッキーニをかぼちゃの項に入れて書き進めることにする。

ズッキーニの料理で思い出すのは、中東のパレスチナで作った「マハシ」だ。この地域の市場で一番よく見かけるズッキーニは、長さ10㎝程度の小ぶりのもの。日本で売っているものに比べて半分くらいの長さだ。薄緑色で白い粒々模様が入っていて、これもズッキーニかと思うくらいかわいらしい。

「今日はマハシを作ろうか」

そう言って母さんが取り出したのは、洗面器いっぱいのズッキーニ。日本のスーパーでは1本売りしていて、一気に使うのはせいぜい2本だから、その量に驚いた。この家族は夫婦と三人の小さな娘たちで、私を入れても6人。こんなにたくさんどうするのだろうか。ぼーっと見つめていたら、「これでくり抜くんだよ」といって、果物ナイフのような指揮棒のような道具を渡された。

なんだこりゃ？　木の持ち手に長い金属がついているのは果物ナイフと同じなのだけれど、金属の部分は平たい刃ではなく棒状で、よくみると断面がU字になっている。これでくり抜く？　よくわからないから、指揮棒のように振り回していたら、「マナクラっていうんだよ」と言いながら10歳の長女ディアナが使い方を見せてくれた。ズッキーニの頭を部分を切り落としたのを母さんから受け取ると、その断面に対して垂直に、U字の棒を突き刺す。ズッキーニの頭からお尻に向かって、ぐいっと押しこむ。そしてぐるぐると回しながら、ドリルのように押し込んでいく。10㎝ほどあった棒の部分がみるみる隠れて短くなっていき、しまいには木の棒が刺さったズッキーニのようになった。おもしろいのはここからで、このマナクラを引き抜くと、ズッキーニの中身が細長くくりぬかれて出てくるのだ！

「もう一回刺して、今度はマナクラを外側に押し付けるように回して穴を広げてみて」と母さんに言われてその通りにする。何回か繰り返すうちに、穴が広がり、ズッキーニの中に空洞ができた。中に花を挿したら一輪挿しにできそう。

そこに米とひき肉とスパイスなどをまぜたものをぎゅうぎゅうと指で詰めていく。全部のズッキーニを詰め終えたけれどまだちょっと中身が余っている。すると母さんはどこからかなすを取り出してきて、三つほどくり抜いて、残っていた米とひき肉のあんを詰めこんだ。

「いつも外か中身かのどちらかが余っちゃうんだよね」

と母さん。うちの餃子と同じだな。なんとかすべてのあんを詰め終え、パンパンになったズッキーニとなすをすべて鍋に入れ、トマトソースと水を入れて火にかけた。

ここまで一気に進めたところで、一息ついて、ぽかんとした。

ズッキーニをくり抜く？　米を詰める？　日本の大きなズッキーニしか知らなかった私には、すべてが想定外。いったい煮たらどうなるんだろう。詰めた肉や米は出てきてしまわないのだろうか。どんな味になるんだろうか。

「この料理はくり抜くところが手がかかるから、子どもが手伝ってくれるとラッキー。ディアナが最近料理に興味を持ち始めたからありがたいわ」

と母さんは言う。それは本当にそうで、くり抜くのは楽しいけれど丁寧にやろうとするとけっこう時間がかかる。マナクラが台所に3本もある理由も、ちょっとわかる。

しばらくすると、いい匂いがしてきた。中東のスパイスは、カレーのような辛い系だけでなく、シナモンやオールスパイスなどお菓子に使う甘い風味のものも使うから、深みのある香りにお腹が空く。煮ること1時間ほど。ズッキーニはトマトの果汁とスパイスの風味を吸ってふくよかに赤く染まり、パリッとしていたのがふにゃっとしてきた。米が水分を吸って膨らむからだろうか、中身を詰めすぎたものははち切れているけれど、それもまたおいしそうだ。ざざざっと大皿にあけて、食卓に運んだ。といっても、部屋の床に布を広げて皿を並べる方式だから、「卓」ではないのだけれど。

「ビスミッラー（アッラーの御名において）！」

イスラム教流のいただきますを言うなり、子どもたちの手が伸びてきた。

私も、マハシを自分の皿に取り、スプーンを立てて軽く押す。すると、ズッキーニがほろりとやわらかく崩れて、中から肉混じりのご飯があふれ出す。スパイスの効いたトマト味のご飯は、中東風の炊き込みご飯みたいだ。野菜の中にひき肉を包んだ料理は、ピーマンの肉詰めやロールキャベツなど日本にもいくつかあるけれど、この味わいは初めてだ。肉だけよりもさっぱりして、どんどんいける。「いっぱい食べなさい！」と母さん。ズッキーニが小ぶりなこともあり、三つ四つと手が伸びる。洗面器いっぱいの量を作ったのはそういうことだったのかと納得がいった。ズッキーニをくり抜くのもお米を詰めるのもびっくりだったけれど、想像以上に食べやすい料理だった。

さて、この話には続きがある。私はズッキーニをくり抜く道具「マナクラ」がとても気に入ってしまった。形が面白いし、使い方もユニークだ。それに日本でマハシを作るとしたらマナクラは必須。そこで母さんにお願いして、一番年季の入った一本をゆずってもらった。もはや金属のはまりが緩くなってぐらぐらしているから「新しい方のを持っていきなさいよ」と言われたのだけれど、この家で何十回もマハシを作ってきたであろうその時間を持ち帰れる気がしたのだ。

日本に戻り、初夏にズッキーニがスーパーに並び始めた頃を待って、いざマハシ作り。しかし、問題が生じた。日本のズッキーニは大きくて、マナクラを差し込んでも半分の深さまでしか届かないのだ。ズッキーニの下半分はくり抜かれないまま。長さだけでなく太さもあるし、私のくり抜き技術が低いこともあり、くり抜いても果肉が厚く残ってしまってバランスが悪い。それでもなんとか詰めて、煮たら一応それなりの見た目になったけれど、中身が少なくていまいち。ズッキーニの煮物を食べているようだ。皿にでんと一本のったズッキーニを眺めながら、「君はかぼちゃだねえ」とため息がこぼれた。

クリスマスディナーの主役級 にんじんボックス

フィンランド
「ポルッカナ・ラーティッコ」

にんじんは幅広い料理に使われる名脇役だが、にんじんが主役の料理というのは案外思いつかない。カレーも肉じゃがも酢豚も、にんじんがないと何か色さみしいけれど、決して主役にはなれない。いつも脇役で彩り担当、そんな運命の野菜だと思っていた。だから、「この料理はにんじんが主役で、家族みんなの好物！」と誇らしげに言われた時は、耳を疑った。しかも、一年で一番重要と言ってもいいクリスマスディナーの料理だったのだ。

「そろそろポルッカナ・ラーティッコを作っておこうかな」

それは、真冬の北欧フィンランドでのことだった。大学生の息子くんと私がクリスマスクッキーを作り始めるその脇で、キルスィ母さんが動き始めた。私はこの家庭には1年半前の夏にも訪れたのだが、冬の時期の食を知りたくて、再訪していたのだ。時は12月22日。クリスマスディナーの支度が少しずつ始まっていた。

フィンランド語でポルッカナはにんじん、ラーティッコは箱（ボックス）なので、直訳すると「にんじんボックス」。にんじんボックス？　にんじんを段ボールにびっちり詰めた画《え》が思い浮かんだ。うーん、なんというか、そそられない。あまりに素朴すぎる名前で、料理が想像できない。というかそれは料理なのか？

しかしそんな私のテンションの低さとは対照的に、このにんじんボックスを作ろうとする彼女はうきうきなのだ。

「フィンランドの代表的なクリスマス料理のひとつなの。クリスマスの食卓に並ぶ料理の中でも、サラダなんかは息子たちの好き嫌いがあるんだけど、ポルッカナ・ラーティッコはみんな大好き。我が家のクリスマスでこれを作らなかった年なんて思い出せないね」

そう言いながら、土のついたにんじんを洗い始めた。彼女の父が畑で育てたのをもらってきたのだそうだ。

「にんじんのクオリティが肝心。フィンランドの畑でとれたにんじんは香りがしっかり強くて、それに比べたらヨーロッパ南部からの輸入物なんて石鹸みたいだよ！」

やたらにんじんに自信満々ではないか。大小様々まじったにんじんの皮をむき、大鍋に入れてゆでる。ぜんぶで2kgくらいありそうだ。にんじんだけをこの量ゆでるなんて、見たことがない。ナイフを刺してすっと通るくらいやわらかくなったら、にんじんをすくい出して、鍋に残ったゆで汁に米を投入した。にんじんのゆで汁で米を炊くのか⁇

その間に、にんじんに生クリーム、牛乳を加え、ハンドブレンダーでペースト状にし、そこに卵とナツメグ（ハンバーグなどに入れるスパイス）、そして黒蜜のようなシロップを加えてまぜる。米がやわらかくなったら、これも投入する。

にんじんペーストに牛乳にシロップにご飯？　それは主食なのかおかずなのかデザートなのか。もうわけがわからない。片やキルスィはぺろっと味見して満足げに頷いて、耐熱容器に詰めていく。

もしかして、これが「箱」か！　後で調べたら、英語ではCarrot casserol（にんじんキャセロール）という素敵な訳が与えられていた。キャセロールというのは、オーブンに入れられる耐熱鍋のこと。グラタン皿を想像してもらったらよいだろうか。たしかに、箱だ。

その表面にパン粉を散らしたら、焼くのではなく冷凍庫に納めてこの日は終了。

「クリスマス当日は焼くだけだかららくちん。父の家にみんなで集まるんだけど、料理で忙しくなるよりゆっくり過ごしたいの」

とキルスィ。もう20年も母さんをやっているだけあって、段取り上手だ。ちょうど焼き上がったクッキーでコーヒータイムをしながら、クリスマスへの期待が高まっていった。

そして、12月24日。キルスィの父さんの家に家族が集まって、クリスマスディナーの支度が始まった。「今年は燻製《くんせい》にしたんだ」と彼が取り出したのは、抱えるほどに大きい丸焼きのハム。彼は82歳になるのだが、畑仕事だけでなく猟友会にも所属し、その仲間たちと作ったのだ。「ハムはフィンランドのクリスマスの主役で、うちでは父さんが毎年作るの」とキルスィが教えてくれた。息子たちはキルスィの指示のもと野菜を切り、夫はスモークサーモンをスライスし、何種類かのサラダに前菜などが出来上がっていく。そして、冷凍のまま持ってきたポルッカナ・ラーティッコが、石窯のオーブンに投入された。真冬のフィンランド、石窯は暖房としてずっとついているから、料理にも温め直しにも使われる。これぞ寒い国の知恵。数分で出てきたポルッカナ・ラーティッコは、表面にパリッとした焼き色がついてなんともおいしそうだ。

食事の支度ができた。ちょっときれいな服に着替えた一同が席につき、普段はしない食前のお祈りをして、特別なクリスマスディナーが始まった。

息子たちが手を伸ばすのは、まずはハム。ポルッカナ・ラーティッコにも何人かの手が伸びる。負けじと私も取りにかかる。ポルッカナ・ラーティッコの表面はパン粉でカリッと仕上がっている。スプーンを入れると、グラタンのようなとろっとではなく案外しっかりした手応え。そうか中にお米が入っているんだもんな。皿にとり、まだ湯気が出ているところをぱくり。にんじんのやさしい甘みとご飯の甘み、そこにミルクのリッチな風味が加わり、やさしい味だ。しかしデザートのように甘いのではなくあくまでも食事だと言わんばかりにキリッとまとまっているのは、ナツメグのほろ苦い風味のおかげだろう。にんじんの青臭さはないけれど、かといってスイーツほど甘いわけではない。ハムとの相性もばっちりなので、つい食べ続けてしまう。皆も次々に手を伸ばし、みるみる「箱」が空っぽになっていく。にんじん、にんじん、すごいじゃないか。

この日以来、にんじんを見直した。クリスマスのテーブルには、にんじんの他にルタバガ（スウェーデンかぶ）の「箱」も並んだのだが、にんじんもルタバガも、根菜だから貯蔵がきく。冬の北欧は寒くて野菜など育たないから、昔は冬の野菜は保存食や貯蔵野菜頼みだったはず。そんな環境において、にんじんはなんとも頼もしい。彩りだけの脇役だなんてとんでもない。にんじんは、北欧クリスマスの主役というにふさわしい野菜だったのだ。

にんじん色に染まる山盛りご飯

ウズベキスタン「プロフ」

にんじんが主役の料理といえば、ウズベキスタンのプロフもなかなか迫力があった。にんじんは料理に彩りを添える脇役のことが多いが、プロフは料理全体がにんじん色とにんじん味に染まるのだ。

ウズベキスタンは、中央アジアに位置する内陸国だ。世界には、「二重内陸国」と呼ばれる国境を二つ渡らないと海に辿り着かない国が二つだけあるそうなのだが、その一つがウズベキスタン。交易路が陸から海に移った現代は不便な土地になってしまったが、かつて陸の交易が中心だった時代は、物が行き交う地として栄えた。その交易路はシルクロードと呼ばれたりもするが、日本の東海道のようなものだろうか。そのシルクロードの要衝とされるサマルカンドは、日本の京都のように「古都」として栄えた都市で、美しいイスラム建築で知られる。

そのサマルカンドで出会ったのが、プロフと呼ばれる米料理だ。米とにんじんと肉を大量の油で炊き込んだウズベキスタンの代表料理なのだが、各地域にそれぞれのスタイルがあるらしい。ウズベキスタンの食について読んでいると、あんまりにこのプロフのことばかり書かれているから、あまのじゃくな私は「家では作らないんだろう」と決め込んでいた。日本の寿司も、アメリカのハンバーガーも、国の代表料理といわれるものは、家の普段の料理ではなく外食やハレの日料理のことが多いと思っている。だから、サマルカンドの家庭に着いた日の夕飯が早々に「残りもののプロフ」だったのは興奮した。

この日到着したのは遅くて、21時頃。家族はとっくに夕飯を終えていたのだが私のために温め直してくれた。パンに、肉じゃがのような料理、それから「昨日の残りなんだけど…」と言って出してくれたプロフ。えっ、プロフ!? まさかこんな形で出会うなんて。ハレの日料理だと思っていたら、あまりにも唐突に、残り物なんて言われて出てきたからびっくりだ。「これがプロフなんだね!」なんて興奮していたら、「今日は何曜日? プロフは週に1~2回作るもので、木曜日には必ず作るから一緒にやろうね」と母さんが言う。そんなにしょっちゅう作るものなのか。

その日は火曜日で、翌々日の夕方、プロフ作りが始まった。取り仕切るのは、60歳くらいのお母さん。お嫁さんが、1歳の息子を背負いながら手伝う。

まずは、にんじんを切るところから。

「私が皮むくよ」

と申し出たら、やたら色が薄くて黄色いにんじんを渡された。

「サマルカンドのプロフには、ウズベキスタンの黄にんじんがマストだよ」

そう言うならばさぞおいしいにんじんなのだろうと期待してかじってみる。

「土っぽい！」

黄にんじんはオレンジにんじんより甘みが強いとされているようだが、生で食べると日本のにんじんに比べて甘さは薄く、土っぽい。包丁で千切りにしようとすると、想像以上に硬くてなかなか刃が通らない。ウズベキスタンは雨が少なくて、昼間歩いていても土がカラカラに渇いていた。この土地の気候がぎゅっと詰まったようなにんじんだ。

さて、にんじんと格闘する私の横で母さんは大鍋に油を温め始めた。亜麻の種などからとれるという黒い油を、大きなおたまに1杯ほど。煙が出るくらい温めたら、今度はひまわり油を、おたまになみなみ1杯、2杯、3杯。鍋をのぞくと揚げ物でもするのかというくらいたっぷりの油が入っている。ご飯を炊くのに、そんなに油使うの？

そんな私の心配とは無関係に、料理は進んでいく。油が温まったら、ぶつ切りの牛肉を投入。じゅわ！　という派手な音が上がり、炒め…いや揚げられていく。玉ねぎも投入。甘い匂いがしてきた。肉にうすく焦げ色がついてきたら取り出して、今度はにんじんの千切りを投入。それにしても大量だ。塩とクミンシード（カレーの匂いがするスパイス）を入れ、少し炒めたところでお湯を加え、庭でとってきたまだ緑の杏をいくつか入れた。酸味のためのようだ。ここで一旦鍋に蓋をする。なかなか豪快でびっくりした。気づいたら、親戚の子たちが集まってにぎやかになっていた。

しばらくして母さんが鍋をあける。にんじんがやわらかくなっているのを確認して、浸水した米をざざっと投入。米もまたタライいっぱいと大量だ。ここで全体を混ぜるのかと思いきや、思いの外そっと米を入れながら、にんじんを覆い隠すように広げていく。鍋の中は、にんじんと米の二階建てになった。米を全部入れ、お湯を追加で注ぎ、今度はおたまで撫で上げて米を小山のように整えだした。鍋いっぱいにどーんと、なかなか迫力のあるサイズの山だ。そこにスプーンを逆さにして柄《え》を使って何ヶ所か穴をあける。穴からぷくぷくと水が湧いてくる様子は、砂浜でカニの穴を見つけたときのようだ。ついでに黒い油が丸くなって湧き出してくるから、本当に何かすんでいるようだ。穴をあけることで下の方の米にも水がめぐるようにしているのだろうか。面白い作り方をするな…。

母さんは何度か小山を作って穴をあけてはならしてまた山を作り直すというのを繰り返す。そのうち水分が米に吸われて水気が減ってきたら、ご飯の山の上に皿を伏せてのせて、それから鍋の蓋をとじた。なぜ皿をのせるのか。つくづくよくわからない。

ともかくも、鍋の方はあとは待つだけとなり、親戚の子どもたちに加えて大人も続々やってきて、ますます賑やかになってきた。食卓の支度は、いつも食事をする台所脇の小机ではなく、別室の広い部屋に整えられていく。トマトときゅうりと玉ねぎを切って塩であえてシンプルなサラダを作り、やかんのお茶も運ぶ。プロフは手で食べるのが正統ともされるけれど、手を汚したくない人のためにスプーンも。子どもたちも手伝いながら、準備が進められていく。

そうこうするうち、鍋のプロフの方も出来上がったようだ。母さんとお嫁さんは大皿を

5枚ほど取り出し、鍋の上半分だけをそっとかき混ぜるようにしてご飯をすくって盛り付けていく。ご飯粒は黄色がかった茶色に染まって油でてかてか輝いている。そのうち、鍋の下の方からにんじんが顔を出し、ご飯の上にのせるように盛られた。そうか、鍋全体を混ぜなかったのは、米とにんじんの二層構造を崩さないためだったのか。そして最後に鍋底に残った肉の塊を小さく切ってのせたら完成だ。テーブルに運ばれていく。

運ばれるなり、誰かの言葉を待つことなく食べ始める一同。大皿をつつくようにして直接食べる。若者はスプーンで食べ、年長者は手で食べるので、一つの皿に手とスプーンが両方伸びてくる。手で食べるのが一番上手なのは母さんで、肉のかけらを一つつまんでご飯・にんじん・肉を一口大に集め、それを親指以外の4本指で皿の縁に押し付けて固めては口元に運び、親指で押し出すようにして口に入れる。私も真似してやってみたが、彼女のように上手くはいかずポロポロこぼれてしまう。その様子を見て笑いながら「スプーンを使っていいいんだよ」と助け舟を出してくれるけれど、意地になって手で食べる。

味はというと、思った以上に濃くて甘くて風味豊かで驚いた。塩とクミンだけで味付けしたとは思えない。生の時は土臭かった黄にんじんは、うんと甘くなって金色に輝いている。ご飯全体が甘くなっているのは、にんじんの力だったのか。あんなにたくさん油を使ったから、ちょっと食べるのが怖い気もするのだけれど、おいしいのだから仕方ない。それににんじんに含まれるβカロテン（ビタミンA）は脂溶性で、油と融合することで吸収が良くなるビタミンだ。強い甘味とうまみも、ご飯全体を黄金色に染めるのも、にんじんと油の力がなければありえない。これほどまでににんじんが主役な料理も珍しい。そう思っていたらにんじんの原産地は中央アジア、まさにウズベキスタンの近くだということを知って納得。にんじん使いの熟達度がさすがだ。

独立記念日は甘くて巨大な唐辛子料理

メキシコ「チレス・エン・ノガダ」

唐辛子といったら「辛い」が真っ先に思いつくが、実は辛くない唐辛子もある。というか、辛いだけが唐辛子ではないということを、唐辛子の原産地とされるメキシコで知った。日本のスーパーで買える唐辛子は、「鷹の爪」と呼ばれる小指サイズの赤い乾燥タイプほぼ一択だ。ところが首都メキシコシティの市場に行ったら、乾燥唐辛子だけで十数種類ずらっと色形の違うものが並んでいるではないか。大きくて紅色でつるっとしているもの、手のひら程度で黒くてしわくちゃで鼻を近づけるとドライトマトのようなギュッとしたうまみを感じるもの、小指の爪ほどの大きさしかないもの。現在メキシコでは60種類以上の唐辛子があるようだ。

なんでこんなに多いんだとびっくりしたが、歴史を遡ると、唐辛子はこのあたりの中南米地域で紀元前7000年頃にはすでに栽培されていたらしい。古代のマヤ文明やアステカ文明においても重要な作物の一つだったとか。そんなに長い歴史があるならば、納得だ。

メキシコにおける唐辛子の使い方の一つは、炒って玉ねぎやトマトなどとペースト状にする「サルサ」だ。サルサとは現地のスペイン語でソースの意味で、料理を食べる時にかけたりする。タコスにかけると、辛いだけでなく深いコクやうまみや甘味があったりするからおもしろい。バラエティ豊かな乾燥赤唐辛子の他に生の唐辛子もあって、赤いのや緑のや大小さまざま野菜のようにして売られている。

メキシコの唐辛子料理で特に個性的で印象に残っているのが、チレス・エン・ノガダという料理だ。一言で説明するならば「巨大唐辛子の甘い肉詰め、甘いナッツソースがけ」。肉あんもナッツソースも甘いのだが、デザートではなくれっきとした料理だ。それも唐辛子が主役の。はじめて聞いた時は混乱したのだが、これは珍料理の類ではなく、メキシコで最も重要な祝日である独立記念日の大切な料理だというから、ますます混乱する。

この料理を教えてくれたのは、メキシコ中部のクエルナバカ市に住むルシオさん。ホスピタリティと料理の勉強をし、フライトアテンダントをしながらメキシコ全土の食を探訪したという大の料理好き。今はオンライン料理教室をしていて、今回はこのチレス・エン・ノガダを教えるというので、私も裏方を手伝うことになった。「終わったら食べよう」という言葉に惹かれたのももちろん、画面の裏方の仕事なんてちょっと楽しいではないか。

彼女は前日からそわそわしだし、数時間前になると「この料理はとにかく材料が多いんだよ」と言いながら、キッチンの台の上に食材を並べ始めた。使う唐辛子は、チレ・ポブラノというパプリカほどの大きな青唐辛子。それから、牛ひき肉と豚ひき肉、りんごや桃などのフルーツ、レーズンにクランベリーといったドライフルーツ、くるみに松の実といったナッツ類、牛乳にクリームチーズにブランデー……たしかに、ものすごく材料が多い。テーブルの上がいっぱいになってきた。「忘れているものはないかな」と念入りに確認する。

さあ、料理教室開始だ。まずは唐辛子の下ごしらえ。唐辛子のことを現地のスペイン語ではチレと言い、チレ・ポブラノはプエブラ州の唐辛子という意味だ。パプリカほどの大きさがあるけれど、先が尖っていて形は唐辛子的だ。

「これを焼いてくったりさせて中にピカディージョ（肉あん）を詰めるんだよ」

とオーブンに投入するルシオ。こんな大きな唐辛子見たことないからびっくりしたし、ピーマンの肉詰めならぬ唐辛子の肉詰めなんて、考えるだけで火を吹きそうだ。真っ黒になるまで焼いたら、焦げた表面の皮をむく。

それから、肉あんを作る。といっても、私が知っているひき肉のあんとは様子が違う。

牛と豚の二種類のひき肉を鍋に投入。そこに加えるのは、角切りにしたプランテン（甘くないバナナ）、りんご、桃、梨。しばらく煮込んで、松の実、クランベリー、レーズンといったドライフルーツやナッツが投入される。なんてこった。考えたこともない組み合わせの材料が次々と投入され、鍋がいっぱいになっていく。こんなに甘い材料が入って、ひき肉を小麦粉に変えたらケーキが作れるんじゃないかとか思っていたら、シナモンやクローブといったお菓子に使うスパイスまで振り入れたから、ますますケーキのよう。そのうち、クリスマスを思わせる甘いにおいがしてきた。鍋をかき混ぜながらルシオは言う。

「このひき肉煮込みはピカディージョって言うんだよ。いろんな種類があって、果物のかわりにトマトやイモを入れたスパイシーなものは、ご飯と食べてもおいしいの。でもチレス・エン・ノガダのためのピカディージョは特別で、すべての果物が揃う秋の短い時期しか作れない」

ひき肉あんなのに、季節限定なのか。次はくるみのソース。

「この料理でいちばん手がかかるのは、くるみの薄皮をむくところ」と言って、彼女は茶色の薄皮がむかれた肌色のくるみを取り出した。昨日の夜、彼女の夫と私とで爪楊枝で一つずつむいたのだが、あれは本当に面倒な作業だった。「夫のベナはもう何度もやらされているからプロよ！」と自慢げに言う彼女の横で、彼は苦笑い。

そのくるみをミキサーに入れ、クリームチーズ、牛乳、サワークリームと各種乳製品も投入し、砂糖とブランデーも少し。ガーッとやると、とろとろの乳白色のソースができあがった。ぺろっとなめると、まるでデザート。ナッツの風味もありつつチーズケーキのように濃厚で、もう少しとつまみ食いの手が伸びる。「このソースの名前はノガダ。これだけで食べ続けちゃうでしょ」という彼女の言葉、本当にその通り。

そして、最終工程へ。すべてを合体させる。

緑色のチレに切れ目を入れて袋状にし、ピカディージョをぎゅうぎゅうとたっぷり詰め、皿の真ん中にどんとおく。なかなかな迫力だ。彼女にならって私も詰めてみる。チレは想像以上に大きくて、「まだ入るの？」というくらいあんが入る。最後にくるみのノガダソースをかける。乳白色の粘度あるソースが、巨大チレの上をとろりと流れ落ちていく様子は、ホワイトチョコのかかったケーキを思わせる。パセリと真紅のざくろの粒を散らして完成。チレの緑、ソースの白、ざくろの赤。「まるでクリスマスだね！」と無邪気に言ったら「クリスマスじゃなくて、独立記念日に作るんだよ。緑白赤はメキシコの国旗カラーだからね」とルシオはにっこり。大事な国旗そっちのけでサンタクロースともみの木を想像していた自分が恥ずかしくなった。手間がかかるし、材料を揃えるのも大変だからねとルシオが付け加える。メキシコの独立記念日は9月16日。りんごや桃やざくろ、すべての果物がそろう時期だ。

さて、食べよう。皿の真ん中にどーんとのったチレにナイフを入れる。「唐辛子だから辛いのかな…」と警戒しながら、甘いソースをたっぷり絡め取り、すべてのパーツを一緒に口に入れる。

おお、なんと華やかな味のすることか！ ピカディージョとノガダが甘いのは想像していたが、唐辛子がまったく辛くないのは驚いた。ピーマンのような苦味もなく、青い爽やかな香りとうまみだけがある。たっぷり果物の入ったひき肉あんはリッチな味わいだが、料理全体が甘ったるくヘビーにならずつい食べ続けられてしまうのは、このチレならではだろう。ピーマンでも緑パプリカでも代用できそうにない。夢中で食べていてふと横を見ると、ベナは私以上にうれしそうな顔で食べている。「この料理は彼の好物なの。だからくるみをむいてもらうんだけど」とルシオは威勢よく笑う。

この辛くないチレのことが気になって後で調べたら、チレ・ポブラノは若い時の名前で、熟して乾燥させたものはチレ・アンチョと呼ばれるらしい。市場で見かけた、しわしわで燻製のような香りがしたあれか。成長すると名前が変わるなんて、日本の「出世魚」みたいな仕組みで面白い。

考えてみたら、魚は私たち日本人の食文化の要。日本にも、漢字クイズになるくらい大量の魚種があり、大きいのも小さいのも、鱗がない魚だっている。唐辛子もメキシコで1万年近く前から栽培され文化の根幹を成してきたもの。「メキシコの唐辛子は日本の魚なのか！」と思ったら、あれだけ種類があるのも辛いだけではないのも腑に落ちた。

幸せの国の食卓を彩る唐辛子料理

ブータン「エマダツィ」

唐辛子を野菜のように食べることで驚かされた国は、他にもある。「幸せの国」として知られるブータンだ。唐辛子をチーズで煮たエマダツィを、毎日のように食べるのだから。ブータンは、ヒマラヤ山脈に位置する小さな国だ。「幸せの国」として知られるようになったのは、国の発展指標としてＧＤＰ（国内総生産）ではなくＧＮＨ（国民総幸福量）を掲げているから。私がこの国について事前に知っていたことといえば、「幸せらしい」ということだけだったから、まさか幸せの国の食事が唐辛子づくしだなんて思ってもいなかった。

到着した朝、空港に迎えに来てくれたブータン人の友人ダワさんが「朝ご飯を食べに行こう」と車で連れていってくれたのは、彼の友人宅。

「ワンモーさんと僕は一時期研修で日本に行っていたんだけど、彼女は本当に料理上手で。ブータンの味が恋しくなると、いつも彼女のところに行っては食べさせてもらっていたよ」

運転しながら目を細めて語るから、期待が高まって仕方ない。

山道をくねくね40分くらい走り、ワンモーさんのお家に着いた。2歳のやんちゃな娘を抱えながら迎えてくれた彼女はとっても元気な方で、最初からおしゃべりが止まらない。ダワさんとの昔話をひとしきり語ったあと、台所に引っ込んでいった。

「ブータンのバター茶だよ」

そう言って、油の浮かんだ赤茶色のミルクティーをマグカップで出してくれた。ちょっぴりしょっぱい。このまま飲むのかと思いきや、「ザオを入れて」といってお米を炒ったポン菓子を出してくれる。ダワさんをまねして、ザオをざざっと入れて食べるように飲む。シリアルみたいだ。お茶というよりスープのよう。なかなかお腹が満たされる。

これが朝食なんだと思った。ところが、数分後に間違いだったことを知った。

ワンモーさんが、今度はお盆を手に持って戻ってきた。土鍋のような容器が二つのっている。「ほんとにいつものなんだけど…」と言いながらテーブルにのせ、蓋をあけてくれた。

一つは、ピンクがかった色のご飯。ブータンのローカル米なのだそう。もう一つの蓋をあけると…赤い煮込みだ。こちらは、ピンクよりもずっと赤い。トマトの皮のような赤いひらひらしたものがこんもりと、オレンジがかったソースのような衣をまとっている。「エマダツィだよ」とにっこりする彼女。これがエマダツィか！

あまり料理の下調べをしない私も、これだけは知っていた。エマダツィは、ブータンの代表料理といわれるもので、エマ（唐辛子）をダツィ（白いボール状でカッテージチーズに似たさっぱり味のチーズ）で煮たというなんともわかりやすいネーミング。トマトの皮に見えたのは乾燥赤唐辛子、なかなか大きいようだ。ソースと思ったのは溶けたチーズで、唐辛子の色を吸ってオレンジに染まっていたのだ。

「好きなだけとって。遠慮しないでね」

手渡された平皿にご飯をよそい、エマダツィをとる。ご飯におかず、カレーライスみたいな配置だ。「辛くて食べられなかったらと思って…」と作ってくれたオムレツも。

「手で食べるんだよ」とダワさんが言う。彼の手元を見ると、ご飯の量は私の3倍、エマダツィの量は私の2分の1。ご飯にちょこっとおかずが添えられている形で、カレーライス風な私の皿とはだいぶ違う風景だ。ご飯好きなんだな。

そして彼はご飯を少々片手でつかみ、きゅっきゅと握って一口大の団子にし、エマダツィをつまんで口に入れる。私もやってみる。簡単そうに見えて、これがなかなかできない。ご飯粒は丸く短くて、一見日本の米と似ている。日本の米よりは弱いけれど粘り気があるので、握るとたしかにくっつこうとする。だが、強く握るとぽろぽろこぼれて、まとまってくれない。何度もグーパーするうちにご飯の半量くらいがこぼれて小さな団子になってしまったが、ともかくもエマダツィの唐辛子をぴろっとつまみ、一緒に口に放りこんだ。うん。辛い！ なんてこった、見た目通りに辛い。これだけの量の唐辛子を野菜のようにたっぷり使うものだから、「きっと辛くないんでしょう？」と思っていた。そうしたら、あたりまえのように辛いのだ。ただ、辛さの衝撃が去って二口目を食べると、うまみが口の中じゅうに広がった。それこそトマトを干したような、ぎゅっとした甘いうまみ。チーズは、思ったよりさっぱりしていて糸も引かず、とろっとしたクリームソースのように深みとまろやかさを与えてくれている。だから攻撃するような「激辛料理」ではなく、ご飯の進むおかずになっていて、ひとくちまたひとくちと食べたくなってしまうのだ。ただし、ご飯とエマダツィの割合は、ダワさんのが正しかった。彼は特別ご飯が大好きなわけではなく、この辛いエマダツィを食べるにはあれくらいのご飯の量が必要なのだ。昔の日本人が、たくあん一切れでご飯茶碗一杯食べたみたいなものか。

それにしても、朝から唐辛子三昧なんて、驚いた。

「私が来たばかりだから、普段は朝食べないブータンの代表料理を作ってくれたの？」

と聞いてみたら、
「いや朝から食べるよ。普通のこと。というか、朝食べるものとか夜食べるものという区別はあんまりないかも」
涼しい顔で言うからますます驚いた。

さらに驚きは続く。その後二週間ほど、いくつかの家庭に滞在したが、ほぼ毎日エマダツィだったのだ。

作り方は極めてシンプルで、エマとダツィを鍋に入れ、バターと塩を加えて煮る、というそれだけ。乾燥赤唐辛子が生の青唐辛子になったり、にんにくや玉ねぎを入れたりする人もいたけれど、基本は「唐辛子のチーズ煮」であることに変わりはない。唐辛子が主役の料理だ。乾燥赤唐辛子のはドライトマトのような強いうまみと甘味が感じられ、生青唐辛子のは爽やかな風味と甘味がある。どちらも辛いけれど、辛いだけでない味わいがそれぞれある。

エマダツィじゃない日も時にはあった。ケワダツィは、ケワ（じゃがいも）をエマとダツィと煮たもので、シャモダツィはシャモ（きのこ）をエマとダツィで煮たもの。ということは結局唐辛子とチーズなわけ？　と思ったあなたは鋭い。肉を煮る時はさすがにチーズは加えないので、干し肉と赤唐辛子を塩で煮るパクシャパーなんかは、チーズに飽きた日にはうれしい。だが、いずれにしても唐辛子からは逃れられない。ブータンの平均的な世帯で一週間に消費する唐辛子の量は、１kgにもなるという。

しかし、なぜこれほどまでに唐辛子を食べるのか。他の野菜もあるだろうに、どうしてわざわざ唐辛子だけをすすんで食べるという罰ゲームみたいなことになっているのか。

色々調べたがこれ一つという決定的なものはなく、高地で育てやすいとか、少量でご飯がたくさん食べられるとか、複合的なようだ。ちなみに、市場で見かける青唐辛子はほぼ２種類だけ。エマダツィに使う大きなししとうみたいなものと、小さくて細くてうんと辛いもの。ししとう似のは、本当は産地などによっていくつかの品種があるようなのだが、見た目も使い方も同じなので、あまり区別していないと言われた。メキシコほど種類がないのは、原産地から遠く離れたこの地にやってきた唐辛子のうち、高地の環境に合ったものが生き残って増えた結果だろう。遺伝学では「ボトルネック効果」と呼ぶらしい。

同じように唐辛子大国ながらも、その風景はだいぶ異なるメキシコとブータン。それぞれ私の知らない唐辛子の世界を見せてくれた。

「粉唐辛子」に要注意

韓国
「キムチ」

日本で一番食されている漬物は、キムチらしい。

日本の食文化において漬物は重要なもので、夏はなすやきゅうり、冬は白菜やたくあんを漬け、秋田のいぶりがっこから奈良の奈良漬まで各地にご当地漬物がある。しかし、現在の生産量一位は、どのご当地漬物でもなくキムチなのだ。漬物離れが叫ばれる中でもキムチは好調で、平成９年（１９９７年）以降ずっと生産量一位。コロナ禍で免疫力強化につながると注目され、韓国ブームも追い風になり、令和５年（２０２３年）には全漬物生産量の３分の１がキムチになっているのだから驚いた（農林水産省「食品産業動態調査」令和５年度版）。さらに、日本国内で生産されるものに加えて韓国からの輸入があるので、実際食卓に上る量で考えるとキムチは圧倒的だ。

キムチに欠かせないのが唐辛子。キムチの出身地である韓国も、メキシコやブータンと肩を並べる唐辛子大国で、キムチの他にもチゲ、ダッカルビ、ヤンニョムチキンにトッポギと赤いものだらけだ。野菜として使うのではなく、粉末や刻んだものを調味料として使うのは、日本と感覚が近い気がする。韓国の唐辛子とは、いったいどんなものなのか。

キムチを作ってみようと思い立ったのは、コロナ禍だった。人付き合いがなくなり、それはそれは暇になり、普段よく食べているけれど自分では作ったことのないものを色々作ってみたくなった。その時取り組んだものの一つが、キムチ。ちょうど白菜を丸ごといただいたからという状況もあった。

インターネットで作り方を検索する。本来は樽で漬けるところ、ビニール袋を使い30分で漬かるような簡単お手軽版レシピがあふれていたが、やるなら本格派でいきたい。韓国人の方が書いている「家庭でできる本格的なレシピ」に従うことにした。材料を確認する。「白菜、大根、にら、りんご、にんにく、生姜、塩、魚醤、粉唐辛子…」

思ったより材料が多いんだな。ただ、足りないものは近所のスーパーに行けば揃いそうだ。早速出かけた。

まずは野菜売場、それから果物売場。最後に粉唐辛子を探して調味料売場に行く。棚をながめると唐辛子もいくつか種類がある。チリペッパー、一味唐辛子、韓国産粉唐辛子。

何が違うのだろうか。どれも唐辛子だし、名前の違いだけだろう。そういえば、「粉唐辛子」と漢字でイメージしていたからピンとこなかったけれど、チリペッパーなら家にあったぞ。仕事柄家にスパイスは多くて、インド料理などに使うチリペッパーはたっぷりある。インドのチリペッパーも、韓国の粉唐辛子も、どちらも粉状の唐辛子だ。ラッキー、使えそうだ。唐辛子は買わず、調味料売場を後にした。

さて、キムチ作り開始だ。白菜を半分に切って塩漬けにする。ひと晩漬けた後、白菜に塗りこむペースト「ヤンニョム」を作る。白菜1個に対して、にんにく丸ごと1個分、生姜大さじ1、りんご半分などなど、そして粉唐辛子1カップ。1カップ!? そんなに入れて大丈夫なんだろうか。だって、チリペッパーは鍋に小さじ1杯入れるだけで、インド料理のあの辛さになるのだ。いくら一気に食べるものではないと思っても、さすがに怖い。人生でこんな量の唐辛子見たことない。でも韓国人の方が書いているレシピだし、他にいくつかレシピを見てみても、だいたい同じような量だった。信じよう。小麦粉と水を鍋で練って糊を作り、そこにすりおろした果物やチリペッパーなど、すべての材料を入れてまぜたらヤンニョム完成。この赤いペーストに大根とにらを加え、白菜の葉の間に塗りこんでいくのだ。ビニール袋を装着して、塗りこんでいく。

ひと通り終えたところで、手に残った赤いのをぺろっとなめてみる。辛い。辛すぎて舌が燃えそうで、あわてて口をすすいだ。しかし食べ慣れたキムチというのは、辛いけれどもまろやかで、うまみを感じる。この激辛があんなにまろやかになるなんて、発酵の力ってすごいんだな。冷蔵庫に入れて、ひと息ついた。

二週間経って開けてみる。白菜は、いっそうしんなりして赤い色がしみて、キムチらしい趣になってきた。味見をすると…辛い。相変わらず辛い。今まで食べたどんなキムチより辛い、というか辛すぎてうまみも感じられない。レシピ通り作ったはずなのに、一体何が違ったのか。改めてレシピを見返して、うんうん唸《うな》り、ハッとした。粉唐辛子！

私はチリペッパーを使ったけれど、レシピでは「粉唐辛子」と書かれていた。もしかして、違うのだろうか。

調べてみたら、「粉唐辛子とは韓国産唐辛子を挽いたもので、辛味が少なく甘味やうまみがあるのが特徴」と書かれていた。辛さの指標であるスコヴィル値は、日本の鷹の爪の約半分。なんてこった！　粉唐辛子って、単に唐辛子を粉にしたものではなかったのか。

スーパーに駆けていき、前回は躊躇《ちゅうちょ》した「韓国産粉唐辛子」を迷わずつかみ、レジへ。帰宅して封を開けたら、もう見た目から違う。色が明るく鮮やかで、ドライトマトのような甘い香りがする。ぺろっとなめると、辛さは想像の半分くらい。甘味やうまみが強く感じられる。韓国のキムチが見た目ほど辛くないのは、そういうことだったのか…。

そうして、残っていた白菜で再びキムチを漬けたら、今度は期待通りの辛くてうまいキムチになってほっとした。

この話を韓国の方に話したら、笑われた。そして「韓国のキムチも、昔は辛くなかったんだよ」と教えてくれた。韓国への唐辛子伝来は16世紀頃とされており、それ以前のキムチは白かったらしい。唐辛子の原産地である中南米からどういう経路でたどり着いたのかは諸説あるが、この土地に適合して広まっていったのが、今のうまみと甘味の強い品種のようだ。冬がうんと寒い韓国、体を温める唐辛子が重宝されたことは想像に難くない。

韓国料理は、真っ赤な料理が多いけれど、赤は辛味だけではなくうまみでもあるというのは驚きだった。百聞は一見にしかずというけれど、百回食べていても、案外わからないものだ。一回料理するにおよばない。

COLUMN（1）

たかがポテサラ、されどポテサラ

―世界ポテサラ探訪記―

ポテトサラダというのは、シンプルにして議論の絶えない料理だ。缶詰みかんを入れるのはありかなしか。玉ねぎは生か火を通すか。そんなのは子どもの頃の好き嫌いかと思ったら、大人になっても「ポテサラがうまい居酒屋は他のものもうまい」なんて言って、ビール片手にいぶりがっこ入りのポテサラや半熟卵ののったポテサラに目を細めているのだから、ポテサラに対する日本人の愛は相当なものである。

ところで「ポテトサラダ」というと、あたかも英語圏の国から持ち込まれた料理のように聞こえるけれど、私たちが食べているじゃがいもをつぶしてマヨネーズであえたポテトサラダは、大正時代の日本で生まれたものらしい。そのルーツとされるロシアの「オリヴィエ」は、ゆでたじゃがいも、にんじん、ピクルスなどを角切りにして、マヨネーズであえた前菜。材料は似ているものの、イモはつぶさず具材がごろごろしていて、それを酸味の少ないマヨネーズをたっぷり使ってソースのように絡めているから、ポテトサラダよりマヨネーズサラダと呼びたい趣だ。ロシアは一人当たりマヨネーズ消費量が世界一。マヨ大国らしい一品だ。

考えてみれば、他にも世界各地でポテサラに出会ってきていた。じゃがいもという作物がかなり広い気候帯で育つためか、それぞれの食文化の中でポテサラが生まれているのだ。

ドイツのゾマーカルトッフェルザラートは、酸っぱい。マヨネーズではなく酢であえるのだ。ゆでたじゃがいもを薄切りにして、きゅうりやラディッシュといった生野菜を加え、爽やかなハーブもちょっと散らして酢とオイルでまぜる。思いの外酸味が強くて最初は驚いたのだが、肉料理のお供にするにはさっぱりしていい。この料理名はずばり「夏のポテトサラダ」という意味。ポテサラなんて一年中食べるものだと思っていたけれど、新じゃがを使った爽やかな季節限定ポテサラというのもいいものだ。

美しくて息を呑んだのは、ペルーのカウサだ。黄色みの強いじゃがいもパパ・アマリージャをゆでてつぶし、アヒ・アマリージョという黄色い唐辛子のペーストをまぜると、まぶしいほどに鮮やかな黄色のマッシュポテトができる。これをグラタン皿の一番下に敷き、緑のアボカド、茶色のツナ、赤いトマトなどを層状に重ね、最後にもう一度マッシュポテトの層を重ねると、まるでケーキのように美しい断面の前菜が出来上がる。見た目だけでなく、味も抜群。高地で育つペルーのじゃがいもは、ぎゅっと濃くてうまみが強いのだ。

たかがポテサラ、されどポテサラ。いつか世界のポテサラを並べて、ポテサラだけのパーティーをやってみたい。

2

変幻自在な卵とミルク

世界一の卵大国
目玉焼きには何をかけるか

メキシコ
「ウエボス・ランチェロス」

目玉焼きには、何をかける派だろうか。

この話題はしばしば論争になり、数々の調査がある。塩、醤油、塩胡椒あたりが大きな勢力だが、マヨネーズやケチャップ派も根強いようだ。別に誰が何をかけてもいいはずなのだが、議論し始めると誰もが自分の目玉焼き美学を語り出し、黄身は半熟か固焼きかという話題にまで発展する。日本は、一人当たり卵消費量が世界第二位の卵大国（国際鶏卵委員会［ＩＥＣ］、２０２２年）。日本人の卵に対する情熱は相当なものがある。

その日本を上回る世界一の卵消費国はメキシコだ。日本が一人当たり年間３３９個の卵を消費するのに対し、メキシコは３９２個（出典同上）。そこでは塩でも醤油でもない目玉焼きの食べ方に驚かされた。

メキシコ中部のクエルナバカ市に住む一家の元に滞在していた時（p.69参照）、朝食には毎日卵が登場した。朝起きて、台所に立って朝食の支度を始めるルシオ。まずは玉ねぎとトマトと青唐辛子を炒めて、ソースを作る。このソースはサルサと呼ばれ、タコスをはじめあらゆるメキシコ料理に欠かせないものだ。

その作業をしながら「目玉焼きの卵はいくつ食べる?」と聞くので「1個で」と答えると、体調でも悪いのかと心配された。夫のベナは3個、食べる量に気をつけているルシオでも2個焼き。私は目玉焼きは一人卵1個で作るものと思って育ったのだが、それは選択肢になかったようだ。彼女は「じゃあひとまず2個ね」と私の希望を無視して焼き始めた。3人の朝食で7個の卵が焼かれた。

さて、盛り付けだ。メキシコで主食のように食べるのは、トルティーヤと呼ばれるとうもろこしの薄焼きパンだが、これを2枚皿に敷き、カリッと焼けた双眼の目玉焼きをのせて、出来立てのサルサをおたま一杯たっぷりかける。「ウエボス・ランチェロスだよ」というそれは、スペイン語で農夫風卵料理という意味。目玉が隠れるほどにたっぷりかけられた赤いサルサが目にも鮮やかで、朝から元気になるようだ。サルサは、トマトの甘味の中にピリッと爽やかな辛みがあり、これだけでなかなかうまい。「温かいうちにね」と言われながら、半熟の目玉焼きにナイフを入れ、サルサを絡め、トルティーヤと三者をフォークでまとめて頬張る。酸味や辛みのあるサルサと黄身が絡んでクリーミーにまとめ上げ、卵とサルサのどちらが主役かわからないくらいの一体感だ。そして、すべての汁気を吸ったトルティーヤ。目玉焼きの下にパンのようなものを敷く発想はなかったが、おいしさを一滴も逃さないうまくできた構造だ。目玉焼きはシンプルに塩か醤油でと決め込んでいたけれど、たっぷりのサルサで食べる楽しみ方に出会った朝だった。

興奮して食べる私を見ながらルシオは、「これも簡単でいいけど、私はもっと色々のせたウエボス・モトゥレニョスの方が好きなの」と言う。なんだって、もっとのせるのか？別の日の朝、それを作ってくれた。

まずはサルサを作る。

「材料はだいたい同じだけど、こっちのサルサの方がさらっとしてるの」

そう言いながら、トマトに玉ねぎに唐辛子などを炒める。メキシコには何十種類ものサルサがあるのだ。今日も「卵はとりあえず2個ね」と言って焼いていく。その他に、バナナをスライスして揚げ焼きにし、グリーンピースを冷蔵庫から出して解凍し、チーズとハムも取り出してきて…なんだかアイテムが増えていく。これは本当に朝食なのか？

さあ、盛り付けだ。皿にトルティーヤを敷いたら、ハムをのせ、その上に目玉焼き、そしてチーズと重ねる。周りにはこんがり揚げ焼きにしたバナナを配置し、さらにグリーンピースを散らし、ようやく最後にサルサをたっぷりまわしかける。ウエボス・ランチェロスもなかなか豪華だったが、これは私の目玉焼き史上最も豪華に仕上げられた目玉焼きだ。というかもはや具材に隠れて目玉が見えない。

ナイフを入れ、卵とサルサを一体化させ、ハムやチーズも絡める。グリーンピースのぷちぷちした食感を楽しんだり、焼いて甘さの増したバナナにピリ辛のサルサを絡めてみたり、いろんな組み合わせで食べてみているうちに、かなりボリュームのあったひと皿がきれいになくなってしまった。

ウエボス・モトゥレニョスは、モトゥル町で生まれた料理らしい。いつかモトゥル町に行って、「目玉焼きには何をかけるか？」という議論をしてみたい。醤油をたらすだけというのはどう思われるのか。

メキシコの豪華な目玉焼きの世界にすっかり圧倒されていたが、さらにちょっと変わった欲張りな食べ方があると言う。ルシオはにやにや笑いながら語る。

「卵2つで目玉焼きを焼いてトルティーヤにのせるところまでは同じ。次はサルサなんだけど、赤と緑の2種類を作って、二つの目玉にそれぞれ別のサルサをかけるんだよ」

そうすると左右で色の違う目玉焼きができる。片や赤、片や緑。面白い見た目だ。ルシオがにやにやしていた理由はそのネーミングで、ウエボス・ディボルシアドスというのだが、直訳すると「離婚した卵」。なるほど、たしかに別れた見た目だ。なんてセンスのある名前なんだ。

世界一の卵大国、メキシコ。サルサをかけた目玉焼きの世界は思いもよらない広がりをもっていて多様で、シンプルな料理にこそ奥深い楽しみがあることを教えられた。

ティーポットで作る卵餃子

ウズベキスタン「トゥンバラク」

卵が好きだ。世界の卵料理を集め始めたのは、特に卵が好きだったわけではなく卵に関する仕事をしたのがきっかけだったが、以来卵料理の広がりに魅了されてしまった。卵は、ふわっと膨らんだりプルプルに固まったり変幻自在で、ダイナミックに変化するから面白いのだ。世界各地で数々の卵料理に出会ってきたが、中でも驚いたものの一つが、ウズベキスタンのトゥンバラク。一言で言うと卵餃子なのだが、冷たくてつるんとしていてヨーグルトをかけて食べるという、他に見たことのない個性的な卵料理なのだ。

ウズベキスタンは中央アジアに位置する内陸国で、夏と冬の気温差がきわめて大きい。その中でも特にヒヴァは寒暖差の大きい砂漠の都市で、夏は40度に届くこともあるが、冬はマイナス10度まで下がる。私が訪れたのは5月だったが、この時期でも昼間はもうジリジリと暑くて、夏はどうなっちゃうんだろうと思うほどだった。

滞在した家族はレストランを営む一家で、通りに面したレストランのすぐ裏に自宅を構えていた。レストランを回すのは夫アタベックとその両親たち、家の普段の料理を作るのは妻のクルサンド。幼稚園に通う二人の娘は手に負えないくらいのやんちゃっ子で、そちらに目を光らせながら10ヶ月の息子の世話をしつつ台所に立つクルサンドは、もうそれだけで大仕事だ。

特に暑かったその日は、「ヒヴァにきたからにはトゥンバラクを食べなきゃ！」というアタベックの一言で昼食にトゥンバラクを作ることになった。「卵の餃子なんだよ」と言うけれど、卵と餃子が一緒になった話なんて聞いたことないから、形の想像すらつかなかった。

まずは生地づくりから。クルサンドは息子をベビーカーにのせて自分の脇に置き、作業を開始した。小麦粉をこねて台に広げて麺棒で伸ばしていくのだが、最初は肩幅程度の麺棒を使い、ある程度広がったら今度は1m強もある麺棒でさらに薄く大きく広げていく。それをコップで丸くくり抜くと、スーパーで売っているあの餃子の皮のようなものが次々できる。見事な手際だ。

「皮は買わずに手作りするのがいいの？」

と尋ねると、

「できあいの皮なんて売っていないよ」

平然と返される。そうなのか！　たしかに日本のスーパーで当たり前にある餃子の皮は、市場でも見かけなかった。ウズベキスタンの人たちは毎日のように小麦粉をこねて麺やパンを作るから、ゼロからの皮作りも苦じゃないのかな。

次に、中に包む具を作る。肉ではなく卵だ。ボウルに卵を割る。ひとつ、ふたつ、みっつ…なつも!?　そこに牛乳、ひまわり油、溶かしバターを加える。これをどう包むんだろう。ボウルの中の液体は、どう考えても具材として「包める」ような硬さではない。おたまですくってどうにかして皮の中に注ぎ入れるんだろうか。いや皮は平らなんだからこぼれてしまう。首を傾げていたら、クルサンドは思いもよらぬ道具を取り出した。

「え、ティーポット!?」

白地に薄い紫の花柄がついたそれは、今朝の朝食でお茶が入れられていたものだ。まさかと思ったが蓋を開けておもむろに卵液を注ぎ入れ、ティーポットを満たした。餃子皮は半分にたたみ、半円状になったその両端3分の1ずつくらいをフォークでしっかり押し付けてくっつけて袋状にする。そして真ん中の開口部からティーポットでお茶を注ぐかのようにして卵液を注ぎ入れ、皮の中に満たしていくのだ。八分目くらいまで入れたらティーポットを置き、餃子の口を指でつまんで閉じる。それをそのまま沸騰した鍋の湯の中にぽとんと落とす。数分ゆでて浮いてきたところをすくって、氷水に放つのだ。

ここまで一連の流れで一気に進めるのだが、ひとつひとつの作業がそれなりに難易度が高い。餃子の皮の接着がゆるいと液を入れた瞬間にこぼれてしまうし、卵液を入れすぎると破れる。普通の餃子のようにある程度の個数を包んでまとめてゆでるということができないから、包む作業とゆでる作業を同時並行でやらなければいけない。私の知っている餃子作りの何倍も手がかかる。「子どもがうまれてから、あんまり作らなくなったかな」というのもわかる。10分に一度やんちゃっ子たちの叫び声で中断するのだから。

すべての餃子をゆで終えたら、皿に盛り付けだ。大皿にざざっと広げて上からスズマと呼ばれる濃いヨーグルトのようなものをかけて出来上がり。フォークで刺して食べる。

「おぉ……」

思わず声が漏れてしまった。よく冷えたその餃子は、つるんとした食感が心地よく、中の卵あんはとろりとこぼれ出るようなクリーミーさ。バターをふんだんに使ったとろとろスクランブルエッグのようだ。そんなリッチな味わいなのに、冷たいからなのかさっぱりと感じて一つもう一つと手が伸びる。

夢中で食べていたら、次女のサビナが呼ぶ前にやってきて、私の横でもりもりと食べ始めた。長女のモディナもそのうちやってきて、競うように食べる。クリーミーでやさしい味わいの卵餃子は、子どもたちも大好物だ。

それにしてもこれ、砂漠都市ヒヴァの暑い夏にぴったりな餃子だ。暑くて食欲のなくなる夏でも冷たくて口あたりのよいものなら素麺のようにつるんと食べられるし、卵は完全栄養食品といわれるほど栄養豊富だ。また、ウズベキスタンは毎日お茶を飲む国で、食事の時はほぼ必ずティーポットとカップが食卓に上る。餃子作りにまでティーポットが活躍するのもこの土地らしいではないか。

日本の夏も、年々暑くなっている。来年の夏は、焼き餃子じゃなくてトゥンバラクかな。

新鮮な牛乳は二度おいしい

インド「チャイ」

牛乳の生産量が最も多い国はどこか、ご存知だろうか。たくさん飲んでいそうなアメリカでもチーズ作りのイメージがあるヨーロッパの国でもなく、インドなのだ。ちょっと意外な気がするが、たしかにインドの街中を歩いていると牛が人間のように堂々と歩いているし、都市の家庭でも「搾りたてのミルク」が毎朝配達されることが多く、牛が生活の一部となっていた。インドは宗教的背景から菜食者が多く、肉の代わりのタンパク質として乳製品や豆が多用されているという事情もあるのだろう。ちなみに8割の人が信仰するヒンドゥー教では牛が神聖な生き物とされ、その乳を精製することによって作られるギー（精製バター）は、食用だけでなく神聖な油として寺院でも使われる。

西インドのグジャラート州の家庭に滞在していた時も、毎朝牛乳が届いた。5ℓほどのミルクタンクをぶら下げて、牛飼いのおじさんがやってくるのだ。母さんは空の鍋を持って玄関に出ていき、ミルクをあけてもらう。牛乳パックも牛乳瓶もいらない。

搾りたての牛乳と聞いて「そのまま飲みたい！」と思ったのだが、それはよろしくない。雑菌が混じっている上に繁殖しやすい状態なので、受け取ったら直ちに加熱するというのが、朝の日課であった。沸かしてしばらく放置しておくと、表面に黄色がかったクリームの層ができる。搾ったままの牛乳は脂肪分が分離するのだ。そのクリーム層をスプーンで集める母さん。

「これはマライっていうんだよ。このままでお菓子や料理に使うこともあるけど、うちは大抵1〜2週間分くらい溜めて、鍋で加熱してギー（精製バター）を作るんだ」

なるほど確かに一回分の量は大して多くないけれど、毎日となるとそれなりの量だ。ミルクの乳脂肪を無駄なく利用する、すぐれた知恵だ。


そうして乳脂肪を取り除き得られたミルクは、自家製のダヒ（ヨーグルト）を作ったり、パニール（チーズ）を作ったりと様々に活用されるが、最もよく作るのはチャイだった。

チャイは「スパイス入りミルクティー」と訳されることが多いが、実はスパイスが入っていなくてもチャイと言い、地域によっても味や作り方は差がある。作り方は、まず鍋に水と茶葉を入れて沸かす。スパイスを入れる場合はこの時に一緒に入れる。十分に抽出されたら水と同量のミルクを加え、砂糖もざざっと入れて、再び沸いたら火を止め、茶漉しを通してカップに注ぐ。搾りたての牛乳で作るチャイは、ミルクの風味がふんわり香る。だが、ミルクを楽しむ飲み物かというとそんなことはなく、むしろ喉が乾くくらい砂糖がたっぷり入っていて、しかも家ではたいていビスケットをひたして食べるので、甘さの記憶が強い。そして慣れるとこの甘さがないと物足りなく感じるからおそろしい。

ところで。浮いた脂肪分「マライ」はどうやってギーに加工するのか。これは簡単で、ただ鍋に入れて加熱するだけ。毎日マライを集めては、冷凍庫から取り出した器に継ぎ足し保存しているのだが、満杯になったらこれを鍋にあけて火にかける。するとマライが溶けて液体になって、ぶくぶくいいながら表面が細かい泡に覆われていく。台所が、うっとりするような華やかなバターの香りに満たされてたまらない。加熱を続けると、泡が収まりかすのようにまとまって、黄金色の液体が顔を出す。これを濾したのがギーで、水分と不純物が取り除かれているので常温で保存でき、香りが良いため料理の仕上げに使われる。さらにインドの伝統医療アーユルヴェーダではギーは薬とされ、寺院では神聖な油とされるが、そんなことを聞くまでもなくこの澄み切った黄金色に輝くバターの尊さは伝わってくる。毎朝の牛乳から、こんなにおいしいものができてしまうなんて。

ところで私たちが日本のスーパーで買う牛乳は、加熱してもクリームが分かれることはない。搾った後にホモゲナイズという処理をして、乳中の脂肪球を小さく砕くことで、脂肪分が浮いてきて分離することのないようにしてあるのだ。複数の乳製品が生まれるポテンシャルを閉じてしまっていると考えると、もったいないような気もする。しかし流通の途中で牛乳が分離したり腐ったりしたら大変なので、安定流通させるためには必要なこと。見方を変えてマライやギーになる乳脂肪をも丸ごと含んだ牛乳を日々飲んでいるのだと思うと、それもまたありがたく贅沢なものに感じられてくる。

世界各地の文化を映す「いつもの牛乳」

フィンランド「無脂肪乳」ペルー「エバミルク」

子どもの頃、家で飲んでいた牛乳のパックには、「高原3・6牛乳」と書かれていた。3・6ってなんだ。ちゃんと調べたことはなかったが、スーパーの牛乳売り場には「特濃4・4牛乳」も並んでいたから、きっと数字が大きいほど濃いんだろうとなんとなく納得していた。4・4の方が値段も高かったし。

大人になってから、数字は乳脂肪分であることを知った。特濃牛乳は通常の生乳にバターやクリームを加えて作られ、こっくりしている。その反対には、生乳から脂肪分を除いた低脂肪・無脂肪牛乳があり、値段は安い。私の母は低脂肪・無脂肪牛乳は牛乳の味がしないと酷評し、特濃牛乳は高いからなのか手を出さず、わが家では3・6の「普通の牛乳」だけが冷蔵庫に入ることを許されていた。売り場の8割方は乳脂肪分3・6程度の「種類別：牛乳」が占めているし、給食もこれだったから、きっと日本の家庭の多くが似たような様子なのではないかと推測する。牛乳といったら、3・6牛乳だと信じていた。

ところが、世界各地を訪れていると、「普通の牛乳」が普通じゃない国も少なからずあるのだ。たとえば、一人当たり牛乳消費量が世界一の国、北欧のフィンランド。滞在していた家のおばあちゃんには、「フィンランド人は大人になっても赤ちゃんのようにミルクを飲むんだよ」なんて冗談半分に言われた。たしかに、一緒に生活していると、朝食だけでなく昼食にも夕食にも牛乳を飲む。そして、世界一の牛乳国家ならさぞおいしいかと思いきや、これが水のように薄いのだ。水色の牛乳パックに入ったそのミルクは、さらさらと薄い無脂肪乳。慣れるとこれも飲みやすくていいかという気持ちになるが、正直物足りなさを感じる。私が飲み慣れた3・6牛乳はというと、

「あれは料理用。脂肪分が多いから飲むには不健康だよ」

と言うのだから耳を疑った。

スーパーの牛乳売り場に行くと、三色の牛乳パックが並んでいて、3・6牛乳に相当するものは赤、乳脂肪分1・5％程度の低脂肪乳が青色、乳脂肪分1％未満の無脂肪乳は水色。買い間違えないよう各社共通の色分けがされていて、人々は次々と水色のパックを手に取っていくのだ。赤いパックは売り場の隅に小さく置かれているだけ。肩身が狭そうだ。

しかし、なぜわざわざ水みたいな牛乳を飲むのだろうか。初めは疑問で仕方なかったが、この地域は日本よりはるかにたくさんバターやクリームを食べるし、その上赤い牛乳をガブガブ飲んだら、たしかに乳脂肪の摂りすぎかもしれない。それにそもそも、生乳からバターやクリームを作るために乳脂肪をとった残りが低脂肪・無脂肪牛乳なので、それを飲む用にしていると考えると、むしろ自然な選択だ。

南米ペルーの「普通の牛乳」は、その反対に濃かった。「今朝のジュースはパパイヤと牛乳のジュースにしようか」と言って取り出された「牛乳」は、紙パックではなくトマト缶のような缶詰に入っていて、蓋を開けると中身はだいぶとろっとした白い液体。ぺろっとなめると、ミルクを煮詰めたように濃くて甘い。これを、カットしたパパイヤ、砂糖と共にミキサーにかけると、濃厚シェイク風味でうまい。

この「牛乳」はエバミルクというのだが、英語のevaporated milkを短縮したもので、ミルクの水分を蒸発（evaporate）させて二倍に濃縮して作られる。無糖練乳とも呼ばれるが、加糖練乳（コンデンスミルク）との違いは砂糖が入っていないこと。特濃牛乳のように乳脂肪だけが高いのではなく、乳全体が濃縮されて乳風味が濃いので、ミルク好きにはたまらない。ジュースだけでなく、料理にもお菓子作りにも活躍し、家の戸棚にいつもケースでストックしてあった。スーパーに行っても、冷蔵コーナーに並ぶ「3・6牛乳」はほんのわずかで、常温の棚に行くと缶のエバミルクがずらっと並んでいる。見たことのない牛乳売り場の光景だ。

さて、このエバミルク、そのままでは腐りやすい牛乳の保存期間を長らえるために生まれた加工方法で、冷蔵庫の普及していなかった19世紀に開発され大いに浸透したらしい。「いまはフレッシュな牛乳が手に入るのになんでわざわざ…」とも思ったが、これだけ台所に馴染んでいるし、考えてみれば切り替える理由も特に見当たらない。濃厚シェイク風な朝のジュースはおいしいし、すでに煮詰めたようなコクがあり、大量に買いだめしておけて便利。それに「田舎は今も冷蔵庫を持たない家が多いんだよ」とも言われ納得。そのままごくごく飲むことがなければ、たしかに缶詰の濃縮ミルクの方が便利かもしれない。

私が信じて疑わなかった3・6牛乳。これが「普通の牛乳」と思っていたけれど、バターやクリームを取り出してから利用したり、長期保存できるよう濃縮したり、「普通の牛乳」ひとつにも、それぞれの国の文化があるものだ。

夏を乗り切る ひんやりスープ

ブルガリア
「タラトール」

ヨーグルトの国といえば？

きっと真っ先に思いつくのが、ブルガリアではないだろうか。実はブルガリアはヨーグルト発祥の国ではなく、消費量も世界一ではないのだが、明治ブルガリアヨーグルトという商品のおかげで日本では「ヨーグルトといえばブルガリア」というイメージがすっかり定着している。はたしてブルガリアの人たちは、ヨーグルトを食べているのだろうか。どうやって食べているのだろうか。

夏のブルガリアを訪れた。ここはヨーロッパの東に位置する内陸国。緑があふれ、ひまわりが咲き誇り、植物の力を感じる鮮やかな季節だった。スーパーに行くと、冷蔵棚いっぱいにヨーグルトが並んでいるではないか。主流は牛乳から作ったものだけれど、棚の端の方には羊やヤギや水牛のミルクで作ったものなんかもある。どんな味がするんだろう。

そんな私の心が伝わったのか、一緒に買物に行った滞在先の家族が教えてくれた。

「水牛のは濃厚でクリーミー、羊とヤギのは酸味が強めなんだよ。私が好きなのは、そのまま食べるには水牛かな」

とはいえ普段使いは牛乳のもの。400g入りの大きなヨーグルトを二つ、買物カゴに入れた。

ヨーグルトの種類以上に驚かされたのが、食べ方だ。そのまま食べるだけでなく、料理の材料として使う。私が滞在していたのは夏の時期だったのだが、どの家でもよく作っていたのが、冷たいヨーグルトスープ「タラトール」だった。

「暑いねえ」

そう言いながら母さんが冷蔵庫からヨーグルトを取り出す。容器の中身を、ボウルにばさっと丸ごとあける。すかさず手を出して味見をしたら、日本のヨーグルトよりも酸味が強かった。

きゅうりを粗みじん切りにして加える。くるみも叩いて細かくして入れる。それから、爽やかな香りのするディルというハーブを刻んで入れて、つぶしたにんにく、塩とひまわり油、そしてレモンをきゅっとひとしぼり。ただただ加えていって、混ぜるだけ。水を入れて薄めて、スープとして飲めるくらいの濃さにする。火も使わず、ものの15分くらいで冷たいスープができてしまった。タラトールをボウルごとテーブルに運び、パンと、それからトマトときゅうりを切っただけのサラダを並べたら、お昼ご飯だ。

まずは、タラトールをひとくち。なんて爽やかなんだ！ ヨーグルトの酸味をレモンが引き立て、そこにガツンとしたにんにく風味と青々したハーブの香りが添えられる。きゅうりやくるみのコリッコリッという食感も楽しくて、するすると食べ進んでしまう。

「夏の食事はもっぱらタラトールやサラダだよ。暑いから、肉を焼いたり煮たりっていう料理をしたくないしね」

と母さんは言う。たしかに。それに暑さで夏バテして食欲がないときにもこれなら食べられそうだ。じゃあ、冬は何を食べるのだろう。「冬もタラトールを食べる？」と聞いてみると、「体が冷えちゃうよ」と笑われた。

「冬は、肉や豆の煮込みで体を温める。この国は内陸に位置するから、夏は暑くて冬はうんと冷える。ブルガリア人の食は、夏と冬で大きく変わるんだよ」

なるほど。日本でも、冬は鍋やおでんなどの煮込み料理を食べ、夏は冷たいものが多くなるものな。暮らしに馴染んだ食の知恵だ。

ヨーグルトを使う料理はスープだけではない。見たこともない食材の組み合わせに驚いたのは「ヤイツァ・ポ・パナギュルスキー」、パナギュリシテという町生まれの卵料理だ。その日は午後に出かけていて帰りが遅くなったので、「さっとできるもので夕飯にしよう」と言って母さんは台所に立った。人数分の皿を並べて、ヨーグルトを注ぎ、刻みにんにくをまぜ、塩気の強いシレネチーズを散らす。それから鍋に沸かしたお湯に酢をたらし、卵を割り入れて数分ゆでて半熟のポーチドエッグを作り、皿のチーズの上にオン。最後にソースだ。フライパンにバターを溶かしてパプリカパウダーと塩を振り入れると、じゅわじゅわ煮えたぎる真っ赤なバターソースができるので、これを卵の上から回しかけて完成だ。

ヨーグルトとチーズと卵の白に、ソースの赤が映える。初めて見る組み合わせと見た目に戸惑いながら、スプーンですくってひとくち食べると、思いがけない好相性。ヨーグルトの酸味を卵黄とバターのコクが包み込み、チーズの塩気とにんにくの辛味がほどよい引き締め役になっている。ヨーグルトと半熟卵がこんなにも合うとは。

不思議なおいしさにハマって日本に帰ってきてからも何度か作ったのだが、何せこれは手早くできるお手軽料理の類。私がそんなにハマったことをブルガリアの家族は意外がっていた。

その他にも、ヨーグルトはムサカというなすグラタンのような料理のクリームに使ったり、肉料理の付け合わせにしたり。連日料理に使われて食卓に上った。

ブルガリアではかつて社会主義の時代に、ヨーグルトが配給食料として支給され、肉のかわりに魚やヨーグルトを食べることが奨励されたらしい。ヨーグルトは、朝食やデザートではなく、料理の食材だったのだ。

草原のカチカチヨーグルト

モンゴル
「アーロール」

乳製品の豊富さで驚いた国は、モンゴルだ。草原や砂漠が広がり、馬・牛・ヤギ・羊・ラクダの5種類の家畜を組み合わせた遊牧が行われている。モンゴル語には「白い食べ物（=乳製品）、赤い食べ物（=肉）」という言葉があり、夏は乳製品、冬は肉を食べるのが伝統的な食習慣。モンゴルの乳製品は、30種類以上の名前が知られているらしい。

その乳加工の知恵に興味を持ち、夏のモンゴルを訪れたのだが、牛やヤギや羊から搾られるミルクが次々と形を変えて多様な食物を生み出す様子は、感動的なまでだった。

首都ウランバートルから車で3時間。ズンハラという町に着き、そこからさらに馬にひかれて、草原に生活する遊牧民家庭を目指した。草原を一時間も進むと、ゲル（遊牧民の移動型テント）と小屋が並んでぽつんと建っているのが見えてきた。ここに住むのは妻ガルマーと夫バドワール、そして夏の時期は三人の孫たちが手伝いのために滞在している。夏は家畜の世話が大忙しの時期なのだそうだ。

「よくきたね」とバドワールが出してくれたのは、コップに並々注がれた馬乳酒と石鹸のような白い四角い塊の山。

「アーロールだよ」と言われたそれを一つつかんで食べると、ちょっと硬めのクッキーのように崩れて、発酵乳の酸味と野性みのある乳の香りが口に広がった。

「これ自家製?」と尋ねるとにっこり笑って「毎日作るよ」と。胸が高鳴った。これが、モンゴルのヨーグルトとの出会いだった。


翌朝から、この家族と5時起きの生活が始まった。朝一番に牛とヤギと羊の乳搾りを一家総出で行い、一時間くらいかけて終えたら、簡素な乳加工小屋に運びこむ。搾りたての生乳は腐りやすいので、すぐに加工しないといけないのだ。

ガルマーの乳加工小屋には、あちこちに容器や道具が散らばっていた。その部屋の真ん中に据えられているのが、中華鍋の取っ手を切ったような形で抱えるほど大きい鍋。そこに搾りたての生乳をあけて火にかける。ふつふつと沸いてきたら、小麦粉をスプーン一杯溶いて鍋に加え、風呂で使うような柄杓《ひしゃく》でミルクをすくっては高いところからゆっくり落とすのを繰り返す。一回、二回、三回…こぽこぽこぽという音とともに、ミルクの表面がふわふわの泡に覆われていく。20回ほど繰り返したところでガルマーは手を止め、薪を調整してうんと弱火にした。「このまま朝まで放置だよ」と言ってその日の仕事を終えた。

翌朝起きて鍋を見て驚いた。ミルクの表面が固まって、クリーム色の分厚い布がかかったようになっている。よくホットミルクを放置しておくと表面に薄い膜が張るけれど、日本のスーパーで買う牛乳でこんな布みたいに分厚い膜が張るのは見たことがない。そのミルクの布をスプーンですくってお椀に入れながら「ウルムだよ」と差し出すガルマー。パンにのせて食べなさいと言われ、パサパサの小ぶりな食パンにこんもりのせて食べると、濃厚な生クリームのような甘さがたまらない。

夢中でウルムを食べていたが、ふと横を見ると、ガルマーはウルムをすくった後のミルク鍋を再び温め始めた。鍋の中身は、脂肪が取り除かれたいわゆる脱脂乳だ。いったいこれをどうするんだろうか。じっと見守っていたら、ミルクが温まってきたところで、昨日の晩と同じように柄杓ですくっては落とすのを繰り返した。だが今回加えたのは小麦粉ではなく、小屋の隅のバケツからすくったヨーグルトのようなもの。「昨日のタラグだよ」という。タラグとはヨーグルトのこと。なるほど、そういうことか。温めた牛乳に「タネ」

としてヨーグルトを少々加えて発酵させることで、ヨーグルトを作るのだ。うちでもやったことあるぞ。ただスケールが違うが。まぜ終えると大鍋をよいしょと持ち上げて、温まった牛乳を大きなバケツに移し、毛布で覆った。

夕方に見ると、しっかりかたまってバケツいっぱいのタラグができている。このタラグのうまいことといったら！　スプーンで食べるのではなく、お椀で豪快に飲むのだが、乳のやさしい甘さと発酵による爽やかな酸味で、へとへとの体が生き返るようだった。

搾りたての牛乳（ヤギ乳と羊乳も同じ）から、シンプルな加工でウルムとタラグという二つのおいしい乳製品ができてしまった。すごいなあと思っていたが、これは始まりにすぎなかった。タラグはそのままだとどんどん酸っぱくなって数日しかもたないので、これをさらに他のものに換えていくのだ。発酵させてどろっとしたお酒「ホルモッグ」にしたり、それをさらに蒸留して「シミンアルヒ」を作ったり、「ビャスラック」というチーズを作ったり。私が一番好きだったのは、やっぱり最初の日に食べさせてくれた「アーロール」、乾燥ヨーグルトだった。

アーロール作りは、発酵が進んで酸っぱくなった2〜3日目のタラグを使う。バケツに入ったタラグを鍋にあけ、火にかける。とろっとしたホットヨーグルトをかき混ぜ続けると、なめらかだった鍋の中身がざらっとした質感に変化してくる。ざらざらのホットヨーグルト。煮詰まってきたら、ガルマーは熱くて重たい大鍋をよいしょと持ち上げて、小屋の外に運ぶ。草原の空に立ち上る湯気。そのまま数時間放置して冷めたら、鍋の中身を布袋に入れ、ゲルの壁に吊るす。水が滴り、水切りヨーグルトの要領で中身が濃縮されていく。これを夜寝る前に地面に下ろし、大きな岩で重しをして放置すると、翌朝にはいっそう水分が抜けて真っ白で平たい岩のようになっている。それを糸で切って物干し台に並べ、時折ひっくり返したり汚れを拭いたりして手入れをしながら、天日で干すこと数日間。カチンコチンに硬くなり、例の石鹸のようなものができあがる。

ここまで水分が抜けていると保存は容易で、常温で数ヶ月は平気でもつのだという。夏の間に作り溜めて、冬になる前に売って生活費とするのだ。あるいは、日中仕事の合間に食べたり、遠くに出かける時に携行したり。おやつのように手軽でありつつ、栄養豊富でカロリー十分。草原の生活は一日二食で、いつでもすぐに食べられるアーロールは、家畜の世話に忙しい夏の日中の重要な食料であった。私が大変気に入ったのを見てガルマーは、「干し台のところにあるからいつでもいくらでも食べなさい！」と言った。その言葉に甘えたかったが、濃いのでそんなにたくさん食べられるものでもない。

濃厚を通り越して濃いその固形ヨーグルトは、生計を支え、食事がわりになる、草原の暮らしそのもののような力強い味わいだった。

塩の欠乏が生んだ乳と肉の酸っぱい食卓

アイスランド「スキール」

濃厚でおいしいヨーグルトに出会ったのだ。水分が少なくスプーンが刺さるくらい濃厚で、発酵乳の酸味がありつつクリーミーで、それでいて低カロリー。今まで食べたヨーグルトの中で一番好きかもしれない…と思っていたら、実はヨーグルトではないということを知った。ギリシャヨーグルトとそっくりなのに。いったいヨーグルトって何なのか。

それは、アイスランドでのことだった。スーパーのヨーグルト売場に行くと、Jógúrt（ヨーグルト）と書かれた商品が数種類並んだ横に、Skyr（スキール）と書かれた商品が棚一面ずらっと向こうの壁まで並んでいる。「スキールはアイスランドで最も重要な乳製品だ」と人々は言う。

作り方は、脱脂乳を温めて、前日の残りのスキールを少し入れて一日発酵させ、水切りするというもの。その作り方も、見た目や硬さも、ギリシャヨーグルトそっくり。食べるとさっぱりしているのにクリーミーな味わいで、クリームチーズをすくって食べているような贅沢な気持ちになった。店の棚には、ベリー、チョコ、コーヒー…など思いつく限りのフレーバーがずらっと並んでいて、ふわふわのムースタイプや飲むタイプなんかもある。原料に通常の牛乳ではなく脱脂乳を使っているため脂質が低く、低脂肪で高タンパクとあって、若者には食事がわりや軽食としても人気だという。アイスランド滞在中、私も現地の若者よろしく朝ご飯に昼ご飯にスキールを食べていた。濃いので十分食事がわりになるし、昔からそうされてきたと本で読んだ（＊1）。

しかし、60歳前後のソフィアさんは「昔のスキールとは全然別物で、食べる気にならないね」と言う。彼女が子どもの頃のスキールは、今のように一食分のパック入りで売られているものではなくて、自家製か量り売り。豊富なフレーバーなんてあるはずもなく、手にのせられるほど硬くてうんと酸っぱかったらしい。「スキールを牛乳でゆるめて砂糖をかけて食べていたんだよ」と言うから、確かに今のものとは別物だ。

彼女は、スキールはヨーグルトではないと強く言う。調べて見ると、国際規格で定められるヨーグルトは、乳を2種類の乳酸菌で発酵させたもの（＊2）。一方スキールは、乳酸菌だけでなくレンネットというチーズ作りに使う酵素を使っているのだ。作り方はヨーグルトもスキールもほぼ同じだが、酵素の有無に違いがあったのだ！　そういうわけで、スキールは国際規格に照らし合わせるとヨーグルトではなくチーズの一種になるのだが、人々は「スキールはスキールだよ」と言う。

「アイスランドの暮らしを語る上でスキールは欠かせない」とソフィアさんは語る。アイスランドを地図で見ると、北極圏にギリギリかかる北の果て。夏が短く気温が10〜15度くらいと涼しくて、作物が育ちにくい。ゆえに草地に牛や羊を放牧したり漁業をすることで食料を得てきた。今でこそ世界有数の豊かな国になり、世界中の食べ物が手に入るようになったが、パンや野菜が日常的に食べられるようになったのはたったここ数十年のこと。牛や羊からとれる生乳が、重要な食料であった。ところがいくら気温が低い土地であっても、そのままの状態では保存がきかずすぐに腐ってしまう。そこで普及したのが、スキール作りだ。

西暦800年代に人がアイスランドに住み始めた時、チーズ作りの技術も持ち込まれたが、そのうちスキールの方が主流になっていったという。そこには、チーズ作りに必要な塩を得るのが難しくなっていったという事情があるようだ（塩については後述する）。スキールは、普通のヨーグルトより水分が少なく、「うんと酸っぱい」くらい発酵が進むと乳酸菌の働きで雑菌の繁殖が抑えられて常温でも保存できるようになる。腐りやすい生乳を保存して食料にするにはうまい方法だ。

そして、さらにすごいのが副産物であるホエイ（乳清）の利用だった。スキールを作る時に水切りすると、この段階でスキールの体積は4分の1になり、大量の乳白色の液体が出てくる。これがホエイと呼ばれるもので、プレーンヨーグルトの表面に浮いてくる液体、あれと同じものだ。しかしスキールのホエイは日本のヨーグルトから得られるものよりもずっと酸っぱい。この液体が、なんと肉などの保存に使われるというのだ。

ある日の夕方、年に一度の特別な夕飯に招待された。「アイスランドの伝統食だよ」と取り出されたのは、蓋付きの白いポリバケツ。開けると中には濁った白い液体が満たされていて、フォークを刺すと中からレバーソーセージなどが出てきた。

「これは血のソーセージ、こっちは羊の睾丸《こうがん》…」

元々は羊を絞《し》めた時に作るのだろう。内臓など肉以外の部分の加工品が次々と出てきて、なかなかなインパクトだ。食べてみると、全部酸っぱい。私の舌が鈍感なのかもしれないが、元の味がわからないくらいに強烈に酸っぱい。

「昔は、動物を絞めて肉や内臓を加工したらホエイに入れて保存していたんだ。各家の前にホエイの入った樽があった」とこの家の主が言う。

食材の保存といえば、塩を用いて雑菌の繁殖を抑えるのが一般的だが、アイスランドは夏でも涼しい気候もあって木の生育が遅く、燃料となる薪が乏しいゆえ、海に囲まれていながら海水から塩を精製することが困難だったという。スキールの副産物として豊富にあったホエイを使ったというのが、ホエイ漬け保存食の始まりだったよう。いまはホエイに入れなくとも冷蔵保存できるし、正直とてもおいしいというものではないので、年に一度冬の祝宴ソーラブロートの時期にだけ食べるものになっているそう。しかし腐りやすい内臓を塩も冷蔵庫も使わず保存するなんて、とんでもない技術だ。

塩が乏しいからチーズの代わりにスキールが作られるようになり、塩が乏しいからその副産物のホエイが大いに活用されたということか。まさに塩の欠乏が生んだ食の知恵だ。

ちなみに、スキールはデザートにも使われる。私がとても気に入ったのが、ティラミスのようなもの。白ワインを浸したビスケットを器に敷き詰め、バニラ味のスキールとホイップした生クリームをまぜてたっぷりのせ、最後にブルーベリーとチョコを散らして完成。

ものの10分で作られる簡単デザートなのだが、さっぱりしているのにミルクの風味が濃厚で、チーズケーキのよう。食後でお腹いっぱいだったのに何度もおかわりしてしまった。「内臓を保存する技術と知恵はすごいけれど、私はこっちが好きだな…」先人への敬意と感謝を感じながら、今の時代のスキールをお腹いっぱい楽しんだ。

＊1 Rögnvaldardóttir, N. (2001). *Icelandic Food and Cookery*. Hippocrene Books.

＊2 国際食品規格CODEXでは、乳酸桿菌のブルガリア菌と乳酸球菌のサーモフィラス菌の2種類により発酵させたものと定義されている。

インドに豆腐の兄さんがいた

インド「パニール」

　豆腐の原型はチーズだったという話を聞いたことがあるだろうか。豆腐の発祥について、正確にはわかっていないそうだが、乳によるチーズ作りが東アジアに渡ってきた際、このあたりでは酪農文化が未発展だったため、入手しやすい大豆から作る豆乳で代替されたというのが豆腐の始まりに関する有力な一説だ。そう言われてみると、チーズと豆腐の製法はよく似ている。牛乳や豆乳に凝固剤を加えた後、型に入れて脱水して固形にする。豆腐は、今ではすっかりTofuという英語で定着したものの、10年ほど前はBean curd（大豆のチーズ）と呼ばれていた。豆腐は、チーズの弟なのだ。

　しかし、チーズと豆腐は見た目が違いすぎる。絵本に出てくるような、丸くて大きくてねずみがかじるヨーロッパの黄色いチーズは、まったく豆腐らしくない。どうしたものかと思っていたのだが、インドのチーズは、「これ豆腐じゃん！」と思わず声をあげてしまうくらい豆腐そっくり。白くて四角くて、ぷるんとやわらかいのだ。

はじめて出会ったのは、たぶん東京のインドカレー屋だったと思う。大学を卒業したばかりの頃、大きなナンが食べられるインドカレーのお店にハマって、いろんなお店に行った。大きなナンも、店員さんのやたら抑揚の効いた日本語も、すべてが新鮮で楽しかった。しかし、たいていどこもメニューは同じで、定番はバターチキンカレーにおかわり無料のナンと赤いドレッシングがかかったサラダのセット。何か他にないか。

ある日メニューを見ていて「パニールバターマサラ」というのが目に入り、注文してみたのだ。パニールという名前がなんかかわいいし、バターチキンカレーと同じ「バター」がついているから、きっとそう遠くはない何かなんだろうという予想がついた。

案の定、運ばれてきたカレーは、いつものバターチキンカレーと同じ色。違うのは、チキンの代わりに、味噌汁に入れる豆腐のような白い塊がゴロゴロ入っていたこと。なんだこりゃ、味噌汁のカレーなのか？

しかし食べてみると、それは豆腐よりずっと弾力があり、きゅっきゅとした食感で噛み応えがある。噛み続けると乳の味がほろほろと口に広がり、カレーの辛味を和らげてくれていい感じ。食感も楽しいし、さっぱりしていて胃もたれしない。これ好きだぞ！

それがインドのチーズ「パニール」との出会いだった。以来、インド料理屋に行くと「パニールバターマサラ」や「パラクパニール（ほうれん草ベースの緑色のカレーにパニール入り）」を楽しむようになり、いつの間にかパニールファンになっていた。もちもち食感好きのチーズファンなら、ぜひパニールのカレーをおすすめしたい。

そんなパニールとの出会いを経て北インドの家庭に滞在したら、毎日のように新しいパニール料理との出会いがあり、もう大興奮。グリーンピース（マタル）とパニールの「マタルパニール」、カダイという鍋で作る汁気少なめの「カダイパニール」。そういうカレー状のもの以外にスナックも豊富。パニールパコラは揚げ物で、大ぶりに切ったパニールにスパイス入りのひよこ豆粉衣をつけて揚げる。ケチャップをつけて食べるとチキンナゲットのようだが、肉よりもライトなのでつい食べ過ぎてしまう。道端の屋台でも駅の売店でもどこでも売っていて、「ストリートフードは不衛生だからやめておきなさい」と現地の母さんにたしなめられてもつい内緒で買ってしまう。それから屋台で食べられるパニール料理といえば、パニールティッカもいい。これは、スパイスを塗り込んだパニールや玉ねぎやパプリカを金串に刺して焼くもので、見た目は巨大焼き鳥。パニールはチーズだけれど高温の窯や直火で焼いてもとろっととけることはなく、むしろ一層きゅっきゅと引き締まった食感を発揮するからユニークだ。豆腐に似ているけれど決して豆腐で代替できない弾力と、ドライにしてうまみのある味わい。豆腐よりもむしろ鶏むね肉に近いのではないか。食べ応えと調理の幅の広さに、魅了されていった。

と考えていてはっとした。もしかして、インドでこんなにパニールが活用されるのは、肉の代わりになるからではないか。インド人口の約8割を占めるヒンドゥー教では、殺生を忌み嫌う思想が強く、菜食者が多い。肉や魚を食べない分、豆類や乳製品が充実しているが、パニールもそんな食材の一つだろう。あの鶏むね肉並の食感も、野菜だけでは得られない食べ応えを出している気がする。さらに、ヨーロッパのチーズの多くは、生乳を固めるためにレンネットという牛の胃袋から抽出した酵素を添加するが、パニールは代わりに酸を使うらしい。これは、牛を神聖な生き物として牛肉を決して食べないヒンドゥー教にとって都合が良い。パニールはまさにインドの土地に合った伝統的な「代替肉」といえそうだ。

東アジアで生まれた豆腐も、仏教では肉の代わりに使われ重宝されてきた。豆腐とチーズは兄弟だと聞いていたが、豆腐の兄さんはきっとヨーロッパのチーズではなくパニールだったんだ。

キャラメルのごとくブラウンチーズ

ノルウェー「ブルノスト」

私は甘いものが好きで、チーズが好きだ。だから、ノルウェーで甘いチーズを手にした時は歓喜した。それも、砂糖を一切加えない、乳自体の甘みが凝縮されたキャラメルみたいなチーズなのだ。

ノルウェーに滞在したのは、真冬の12月のこと。寒い時期の寒い地域の食の知恵に関心が湧いて、北極圏でトナカイ放牧を営む先住民家族のもとに滞在し、トナカイの世話や家の仕事を手伝った。外はマイナス30度の世界。夕飯に作ったシチューは鍋ごと外に出せばすぐに冷凍され、外で作業していると10分ほどで息がかかったまつ毛や眉毛が凍っていく。未知の寒さだ。ただ、空気が乾燥して無風だからか恐れていたほどは寒くなく、むしろ初めて体験する極寒の世界のすべてが新鮮で、日々興奮していた。

「マイナス40度でも、正しい服装をすれば寒くない。すべては服装だよ」

というのは、この家の母さんスィレ。確かに、彼女が貸してくれた毛糸のズボンをはいてから外用のパンツをはくと、トナカイの世話で長時間外にいても、暖かい空気に包まれてちっとも寒くない。

彼女が教えてくれた暖かく過ごす知恵は、服装以外にもある。この家族は、他のノルウェー家庭と同様にパンをたくさん食べ、枕のような巨大なパンの塊が一日でなくなるのだが、そのパンのスライスにバターをたっぷりと塗るのだ。

「脂肪は体を温める。おいしさのためじゃなくて体を温めるためにバターを摂るんだよ」と。残念ながら私はバター厚塗りのパンを食べてもその効果は実感しなかったが、脂肪はエネルギー量が多いので理屈としてはわかる。

ところで、この家族は本当にたくさんパンを食べる。一日のメインの食事である夕飯には、トナカイ肉のシチューなど温かい料理を作るが、朝食と昼食はパン。朝の私の仕事は、塊のパンをスライスしてチーズをのせて電子レンジで溶かして三人の子どもたちに食べさせ、その食べる間に学校に通う二人分のサンドイッチ弁当を作ることだった。塊のパンを8枚スライスして、一人4枚ずつ希望のものをのせる。兄ヨハンにはシンケンオストというハムチーズ味のペーストをチューブからしぼって4枚分、妹のエマにはサラミとチーズを2枚ずつ。パンのサイズに切られたワックスペーパーを間に挟みながら4枚の片面サンドイッチを重ね、それぞれのランチボックスに入れたら完成だ。所要時間5分ほど。

この極めてシンプルで合理的なランチボックスはマートパッケ（Matpakke）という名前がついていて、学校の子どもたちは皆同じように「パンに何か塗って間に紙を挟んだもの」を持ってくるらしい。それだけ毎日皆が作るものだから、ノルウェーにはパンに塗るチューブ入りのペーストも豊富。歯磨き粉みたいな大きなチューブに入っていて、スーパーの棚には、ハムチーズ、たらこマヨ、エビチーズなど、ずらっと並ぶ。チューブものの他にも、チーズ、ハム、レバーパテ、サバトマト缶なんかもあり、パンにのせるものの種類にかけてこの国はすごいレベルにあるぞと感じるのだった。

それだけバリエーションがあると、毎日二食パンでも飽きることがなく、充実したパンライフを送っていた。だが、私にはどうしてもパンにのせて食べたいチーズがあった。それが、ブルノスト。牛やヤギのミルク、ホエイ（乳清）、クリームを焦げるくらいまで煮詰めたチーズで、キャラメルのような色と風味。茶色であることからブラウンチーズとも呼ばれる。たぶん日本でイベントか何かで食べたのだと思うが、その特別な風味がずっと記憶に残っていて、ノルウェーに行ったら絶対に食べる！　と決めていた。

ある日スィレについてスーパーに買い物に行った時、チーズ売り場でBrunostの文字を見かけ、飛びついた。ずっしりしたれんがのような直方体で、ビニールで包装されている。伝統柄風な少女のイラストがかかれているが、工業製品ですと言わんばかりの無機質なたたずまいで、そのアンバランスがおもしろい。

家に着くなり、待ちきれずビニールを破ってチーズスライサーでスライスし、パンにのせて食べた。うーんうまい。見た目はキャラメル、舌触りはピーナッツバターのように少しざらっとしていて、乳の甘みをこれ以上凝縮できるかというほどねっとり甘い。砂糖が入っていないなんて、信じられない。

「うちは普段ブルノストは買わないのよね。私があんまり好きじゃないのと、子どもに甘いのをあまり食べさせたくないから」

とスィレは言う。確かに砂糖ではないとはいえ、子どもにこの味に慣れさせてよいのかは迷う。そんなわけで、私は子どもたちに隠れてブルノストを楽しんでいた。

ところがある日、バレてしまった。その日は忙しくて昼ご飯を食べ損ね、夕方子どもたちが帰ってきてからパンタイムをしていたのだ。パンにブルノストをスライスしてのせ、酸味の強いリンゴンベリージャムもちょっとだけのせて、子どもに背を向けてキッチンで食べようとしたら…

「何食べてるの！」

長女エマが目ざとく見つけてやってきた。

「ブ、ブラウンチーズだよ、苦いよ」

平然と答えるが、ジャムものっているしおいしそうさが伝わってしまったのだろう。

「私にも一切れちょうだい」

と言うから、観念してパンを一切れスライスし、同じものを作って渡した。彼女は、こんなうまいチーズがあったのかという様子でいたく気に入り、ぺろりと平らげた。

そこからが、大変だった。エマは毎朝ぐずって学校に行く支度をさせるのが大変なのだが、翌朝「今日のマートパッケは何がいい？」と尋ねると、頑とした様子で「ブラウンチーズ」と言う。「ブラウンチーズなんてないよ」と母が言うが、「あるよ、ミサトが持ってるよ」と言う。「チーズとサラミでいいでしょ？」と言っても譲らない。彼女がこのモードになったらもう手をつけられない。仕方ないねとスィレと顔を見合わせ、ブルノスト2枚、普通のチーズ2枚を詰めてエマに渡した。翌朝も「ブラウンチーズ」と主張するエマ。私の大事なブルノストが…という気持ちと、甘いから食べさせたくないと言っていた母親に申し訳ない気持ちとで、もうブラウンチーズのことは忘れてくれと一心に願ったが、そんな思いが届くはずもない。私の愛しいブルノストは冷蔵庫の高い棚の奥の方に隠した努力もむなしく、結局半分くらいエマに食べられた。まあおいしいんだから仕方ない。甘いチーズの苦い思い出だ。

さけるチーズ
本物との遭遇

メキシコ
「ケソ・オアハカ」

子どもの頃のチーズの思い出といえば、さけるチーズだ。お弁当には、キャンディ形のチーズやキャラクターの形のチーズも入れられていた気がするが、記憶に残っているのは断然さけるチーズ。どれだけ細く裂けるかに挑みながらちびちび食べるのを楽しんでいたのは、きっと私だけではないだろう。しかしあんなに楽しませてもらっていたのに、大人になって長期熟成したヨーロッパのチーズの豊饒な世界を知ってからは、さけるチーズも子どもだましの作り物に思えて、すっかり遠ざかってしまっていた。

それから20年。大人になってメキシコを訪れ、さけるチーズそっくりなチーズに出会った。子どもの頃の思い出が蘇って、「本物のチーズだったんだ！」と無性にうれしくなった。

そのチーズの名前は、ケソ・オアハカ。オアハカ州の特産のケソ（スペイン語でチーズ）だから、ケソ・オアハカ。メキシコにはいろんな種類のチーズがあるが、中でもケソ・オアハカはユニークで強く印象に残った。

出会いは、朝ご飯だった。メキシコ料理といえばタコスが有名だが、実はタコスは屋台料理であって家ではあまり作らない。だが、「タコスの皮」であるトルティーヤは日常的にパンのように食すもので、家には常備してあった。

「朝ご飯、ケサディーヤでいい？」

そう尋ねるのはナンシー。40代で彼氏と一緒に首都メキシコシティのアパートに住んでいる。ケサディーヤという名前は聞いたことがある。日本で行ったメキシコ料理屋さんでは、ピザ並に大きなトルティーヤにチーズとひき肉を挟んで焼いたがっつり料理だった気がする。あんなもの朝から食べるのか？　と思ったら、「朝食のケサディーヤはもっと小さくて手軽なの。チーズのケサディーヤは一番簡単なメキシコ料理」と言ってフライパンを出し、火をつけた。手のひらサイズの小ぶりなトルティーヤをフライパンにのせる。そこに取り出したのが、さけるチーズそっくりなチーズ。縦に繊維が入っていて、ちょっと平たくて長い。「ケソ・オアハカだよ」と言いながら両手で裂いて散らしていく。さけるチーズを焼くなんて考えたこともなかった！　トルティーヤを半分にたたみ、フライ返しで押し付けるようにして1分ほど。焼き色がつき、中のチーズが少し溶けたのを皿にのせて渡してくれた。あつあつにかぶりつくと、中のチーズの伸びること！　味はモッツァレラチーズのようなプレーンでクセのないものだが、のびがすごくて、しこしこした食感ゆえにミルクを噛んでいるかのようだ。

「ケサディーヤにはケソ・オアハカが必須。他のチーズではこの引きと味は出ないんだよね」

にっこり笑うナンシー。本当にその通りだ。ちなみにケサディーヤは屋台でも定番。夕飯に立ち寄った屋台では、きのこ、ハム、カボチャの花入り…などいろんな種類があったが、いずれもケソ・オアハカが入っていて、両手で掴んで食べるビッグサイズ。さけるチーズ何本分入っているんだろう。子どもの頃は、2本入りで売っているのに1本ずつしか食べさせてもらえなかったから、その贅沢さに震えながら夢中で食べた。

さて、このケソ・オアハカが気になって仕方ない。調べてみると、日本のさけるチーズはこのケソ・オアハカをもとにして開発されたものだという説もある。細く裂ける繊維状の形質は、加工の時に熱湯の中で引っ張っては折りたたむことを繰り返すためにできるもので、モッツァレラチーズも似た作り方らしい。子どもの頃の思い出のチーズが、地球の反対側のメキシコにあるなんて！　オアハカ州は他にもユニークな食文化が存在する「食の都」であるとも聞き、いてもたってもいられなくなり、首都から４００㎞離れたオアハカ州に行くことにした。

夜行バスで7時間。着いて早々の朝ご飯は、現地の家族が屋外レストランに連れていってくれた。「オアハカに来たからにはこれを食べなきゃ」とすすめられて頼んだ名物のトラユーダは、屋台のケサディーヤをさらに大きくしたようなもので、直径40㎝近くある。パリパリに薄い生地が半分にたたまれていて、開くと溶けたケソ・オアハカがこれでもかというくらい糸を引きながら現れた。私が頼んだのは、黒い豆をつぶしたペーストとチーズだけの最もシンプルなものだったのだが、豆とチーズだけでこんなにも朝から幸せになれるものか。

市場に行くと、チーズ屋さんには各種チーズが山積み。「ケソ・オアハカは？」と尋ねると、紐を編んで作ったボールのようなものを指さされた。これがさけるチーズ!?　スティック状じゃないのか。せっかくだから買いたいけれど、一番小さいのでもバレーボールくらいある。ちょっと大きすぎるなあと思いながら見ていたら、「どれくらいいる？」と、店のおばさんがそのボールをほどきながら聞いてきた。量り売りしてくれるのか！　興奮しながら「200gちょうだい」と頼んだ。チーズを引っ張って紐状にして、それを編むようにしてこのボールを作るわけか。その様子を想像したら、もう食べ物というよりは工芸で、職人の技術に敬服した。

持ち帰ったチーズは、トルティーヤにのせて溶かしたり、それからトルティーヤで作るラザニア「パステル・アステカ」に入れたりとさまざまな形で楽しんだ。そのまま食べるだけでなく、こんなにも多様に変化するなんて。ケソ・オアハカはメキシコでも人気で、今やオアハカだけでなく全土で食されているという。子どもの頃の思い出のチーズの兄弟が、地球の反対側でこんなにも親しまれているとは想像もしなかった。思い出が正当化されたようでなんだかうれしくて、日本に帰ってさけるチーズを一気に2本食べた。

COLUMN（2）

「乳《にゅう》」とは何か？

私たちは「牛乳」を飲むけれど、乳とは何か。牛のミルクを牛乳と呼ぶから、動物から搾られるミルクのことだろうとなんとなく理解していたのだが、よく考えたら豆乳のように植物から搾られるものもある。オーツミルクやアーモンドミルクも仲間だろうか。そうすると動物でなくても良いことになる。しかし植物から作られるものの中でも乳と呼べるものは限られているようで、りんごジュースは「りんご乳」といわないし、カエデの樹液から作られるシロップはメープルシロップであって「メープル乳」ではない。動物または植物から搾られる白い液体が「乳」なのだろうか。

さらに、動物の中でもすべての動物がミルクを出すわけではない。人類が利用してきたミルクには、牛乳の他にヤギ乳、羊乳、ラクダ乳、水牛乳、馬乳、ヤク乳などがある。ヤギや羊は乾燥地域に強くて、そのミルクはチーズなどに加工して食される。ラクダ乳は砂漠を移動する遊牧民が飲用し、ヨルダンの砂漠で飲ませてもらったら思いの外さっぱりしていてうすい塩味を感じてびっくりした。水牛乳は脂肪分が多く、インドではギー（精製バター）、イタリアではモッツァレラチーズの中で特に高級なものに加工される。馬乳やヤク乳は、特定の地域で日常の糧になっている。
これらミルクを出す動物の共通点は、哺乳類であることだろうか。そもそも哺乳類という漢字自体が、乳を口に含む（哺）ことを意味するので、乳を作るのは哺乳類の動物だけと考えてよさそうだ。しかし、さらに疑問が出てくる。哺乳類が皆乳を出すならば、豚もうさぎも乳を出していいはずだ。それなのに我々は豚乳やうさぎ乳を飲まない。さらに陸上動物だけじゃなく、海にすむクジラやイルカも哺乳類だから、クジラ乳やイルカ乳というのがあってもいいはずだ。なぜないのか。

調べてみると、これら動物もたしかにミルクを出すようだ。しかし豚やうさぎは乳量が少ないので人間が利用するには効率が悪く、クジラやイルカは海を泳いでいるので搾るのが難しいらしい。考えてみれば当たり前だけれど、こんなにいろんな動物のミルクがあるなんて驚いた。ちなみにクジラ乳は水中で短時間で飲ませなければいけないためか、かなり濃いらしい。

色々考えると、牛乳ってすごいなと思う。一日に一頭から20〜30ℓも搾れて、バターにヨーグルトにチーズにと、様々加工できる。人間の搾乳のために動物を改良したり仔牛の飲む分を横取りしていると聞くと、複雑な気持ちになるけれど、感謝して牛の乳をいただきたいものだ。

肉と魚の
命をいただく

3

牛肉大国らしい日曜朝のホームセンター

オーストラリア「ソーセージシズル」

日本の牛肉はどこからきているか、ご存知だろうか。

スーパーで牛肉を買うと、その半分以上が輸入品で、一番多いのがオーストラリア産だ。広大な土地とアジアへの近さを活かして、大規模に牛を飼育して輸出しており、オーストラリアの牛肉輸出量はブラジルとアメリカに次ぐ世界3位（ＦＡＯＳＴＡＴ、２０２２年）。牛肉大国なのだ。

そんなオーストラリアでは、スーパーに行くと肉売場の牛肉コーナーが広大で驚いた。この時は、日本でシェアハウスに一緒に住んでいたアライスくんの家にお世話になったのだが、初日に連れて行かれたスーパーでもう圧倒されてしまった。牛肉はあらゆる料理で活躍するが、もっとも「オーストラリアらしい」のはバーベキューなのだそうだ。

「バーベキューなら日本でもキャンプの時とかにするし、特別でもなんでもないのでは…」と思った人、半分あっている。確かに、日本でもレジャーの一環としてバーベキューをする。しかしオーストラリアにおけるそれはもはやライフスタイルの域で、大半の家庭はバーベキューセットを持っているそうなのだ。家の庭のテラスに据えられたグリルの隣にソファやテーブルをセットし、家族や友人と集まっておしゃべりしながら肉を焼くのが週末のよき過ごし方なのだという。私も日曜日の夜にアライスの友人宅でのバーベキューにご一緒させてもらったのだが、この家のホストが鉄板の前に立って、玉ねぎを焼き、ビーフパテとチキンを焼き、それを各自バンズに挟んでハンバーガーを作って食べた。焼きたての肉と自分好みに味付けしたバーガーは、チェーン店で買うものとは別物。

「自家製ハンバーガーなんて贅沢だね！」

とはしゃいでいたら、

「ハンバーガーは家で作るものだよ」と言う。「バーベキューグリルでいつでも肉が焼けるからね。買う方が珍しい」

なるほどたしかに。

さらに驚いたのは、都市部の多くの公園にもバーベキューグリルが設置されていること。それに遭遇したのは、日曜日の朝、友人たちとウォーキングをするんだというアライスについて行った時だった。丘も湖もある広い公園を歩いていると、突如現れた電気式のバーベキューグリル。最初はひょっとして誰かが家から持ってきたのかなと思ったが、歩いているうちにまた登場して、今度は何か焼こうとしているカップルがいた。

「オーストラリアらしいだろ。これは公共バーベキューグリルなんだよ。誰でも予約なしで自由に使えて、無料なんだよ」

とアライス。なんだって！　日本の多くの公園は、火気厳禁で、花火すらもさせてもらえないのが普通だ。お花見の時期に鍋をしようと火を使える公園を探して行ったら、同じことを考える人たちで大混雑していた記憶がある。もちろんすべての道具は持参した。あれは大変だった。ところが、ここではバーベキューセット据え付けで、しかも電気式なので炭いらず。肉だけ持ってくれば、うんと気軽にバーベキューができてしまう。うらやましい。これも、広い土地があってできることなのだろうか。

日本の人口密度が1㎢あたり265人であるのに対し、オーストラリアは1・5人。実に170分の1しかいないのだ。都市部はもっと過密であるとはいえ、それでも火事や煙の迷惑などの心配が少ない。牛の飼育も、公園バーベキューも、広大な国土を有するオーストラリアらしい文化といえようか。

そしてバーベキューは、家と公園だけではなく、まったく思いもよらない場所でも行われていた。

オーストラリア滞在最終日の朝、「最高にオーストラリアらしい体験をしに行こう」とにやにやしながら車で連れていってくれたのは、なんと近くのホームセンター。まさかここでＤＩＹ用品を買うのか？　お土産に？

大いに混乱しながら彼についていって店の入口に向かうと、そこには運動会用のようなテントが張られていて、何やら食べ物が売られている。なんだろうと覗き込むと…期待を裏切らず、バーベキューグリルでソーセージがジュージュー音を立てて焼かれていた。

「ソーセージシズル二つ」

とアライスが伝えると、食パンにソーセージと炒め玉ねぎをのせて半分に折って渡してくれた。そこに自分でケチャップとマスタードをかけたら、食パンで作ったホットドッグの出来上がり。鉄板の上でジュージューいう（シズル［Sizzle］する）ソーセージをパンにのせるから、ソーセージシズルなのだそうだ。

ちなみに、ソーセージは「ビーフ？　チキン？」と聞かれてビーフを選んだ。日本のソーセージはほとんどが豚なのに「ポーク」がないのはなんでだろうと思ったが、移民の多い国で、イスラム系の人も多く住むからなのだろうか。ともあれ初めて食べるビーフソーセージは、やわらかい食パンとケチャップに包まれて、その飾らない姿に懐かしさを覚えた。

「ソーセージシズルは週末の朝の思い出だよ。このバニングス（Bunnings）というホームセンターは全国にあるんだけど、週末となるとソーセージシズルを売っていて、それを食べながら店内をうろうろした記憶は、きっと多くの人がもってるんじゃないかな」

とアライス。なんだその不思議な風習は。バニングスのホームページによると、店頭のソーセージシズル屋は申込制で実施できるようになっていて、各種NPOが資金集めの一環として行っているようだ。メニューはソーセージシズルと飲み物だけと決まっていて、売り上げは全額実施したNPOのものになる。

バーベキューが、親しい仲間とのコミュニケーションや娯楽に尽きず、社会活動の資金集めにも使われているなんて。牛肉の国オーストラリアのバーベキューは、社会を作る文化でもあった。

叩くとふわふわ乾燥牛肉

モンゴル「ボルツ」

牛肉といえば、ジュージューと音を立てて焼かれ、肉汁滴るものだと思っていた。ハンバーガーも焼肉もステーキもそうだから。なので、カラッカラのスカスカに乾いてもはやミイラみたいになった棒を見た時は、まさかそれが牛肉だとは思わなかった。

モンゴルを訪れたのは真夏の7月で、草原の家庭で生活を共にした（p.113参照）。夏の時期は生乳を搾って加工し、その仕事の合間に乳製品を食べて、乳づくしであった。この時期、「赤い食べ物」である肉はもうないはずと聞いていた。というのも秋に絞《し》めた肉は冬の寒さで凍ったまま保存できるが、冷凍庫のない草原なので春までに食べきるのだ。

しかし、訪れたタイミングがちょうどお客さんが来て子ヤギを絞めた翌日だったので、肉の残りがまだあった。初日の夕飯は肉スープ。二日目は、夕方が近づいてくると私はそわそわしてきた。だって、肉はもう終わっているし、食料らしいものが目につかないのだ。街の家庭だったら冷蔵庫に肉や野菜が入っているが、この家は冷蔵庫もないし、草原にある小屋なので、豊富な食材庫があるわけではない。食材が入っている可能性があるとしたら、小屋の隅の小さな戸棚だけだが、それだってせいぜい乾物が少しあるだけで、大して入らない。小屋の中を見回すと、加工中や保存されている乳製品だけは豊富にあるけれど、乳製品だけで夕飯ができるのかな…ちょっと不安になる。

ただしそんな夕飯の心配をしているのは私だけで、家族は皆忙しく家畜の世話や搾乳をして駆け回っている。ガルマー母さんなんか、乳搾りしてその乳を大鍋で加熱して、冷ます間に昨日仕掛けたヨーグルトの様子をチェックして…それはもう休みなしに動き回る。

小屋の床に座り込んだと思ったら、休憩するのではなく、大きなミルク缶の蓋を開けて中から取り出した木の枝みたいなものを金槌でガンガン叩き始めた。ミルク缶の中身はミルクじゃなかったのか！　なんだろう、あの薄茶色で細長くて硬そうなものは。木の枝にしては毛羽立っているからやわらかそうにも見えるけれど、かなり全力で金槌を振り下ろしているから、硬いのだろう。

しばらくぼーっと見ていたら、不思議なことが起こってきた。その塊は叩かれたところからほぐれていって、カチカチの木の枝のようだったのが、みるみるふわふわの綿の山になっているのだ。何が起こっているんだ？　混乱しながらそのふわふわを手にとってみると、とても獣臭い匂いがする。これ、肉だ。ミルク缶から出てきたから、てっきり乳製品の何かだと思っていたのだけれど、この匂いは肉以外の何者でもない。くんくん嗅いだりじっと眺めている私に、ガルマーは「ボルツ、干し牛肉だよ」と教えてくれた。

ボルツというのはモンゴルの保存食で、牛肉を細長く切って干して風で乾かして作るのだそうだ。肉ってこんなにスッカスカになるのか。ともあれ、これでわかった。今夜の夕飯は肉スープだ。ガルマーは乳製品加工の続きをしていると思っていたが、夕飯の支度を始めていたのだ。

ボルツを叩くのは時間を要したが、叩き終えてからは早かった。ガルマーは鍋にお湯を沸かしてふわふわになったボルツを投入して、そこに戸棚から出してきた黄色のキビも洗ってばさっと入れた。味付けは塩だけ。キビはごま粒ほどのサイズなのですぐ火が通る。ふわふわのボルツはもっと早い。まもなく素朴ながら力強い味わいのスープが出来上がった。ガルマーは皆の器によそいながら、子どもたちと私の器に大きな塊を入れてくれた。

干した牛肉は、生の牛肉よりもぎゅっと濃くていい出汁が出ている。昨日の肉スープもおいしかったけれど、ボルツは地味ながら体に染み入る力強い味わいがある。子どもたちは皆おかわりしてもりもり食べている。

その翌日は、ボルツと乾麺のうどんスープ。だんだんボルツにハマってきた私もおかわりし、二杯目を食べながら、おやっと思った。

「ねえ、夏は本当は肉食べないんじゃないの？」

私がいるから特別なのかなと思って聞いてみた。すると

「生の肉は保存できないから冬だけだけど、ボルツは一年中食べるよ」

と言う。そうなのか。考えてみれば、ボルツはきわめてうまくできている。肉を干すと水分がうんと少なくなるから腐りにくくなり、常温で保存できるから冷蔵庫のない草原の暮らしにぴったりだ。また重量が減って持ち運びしやすいのも都合がいい。ボルツを砕いて粉にすると、牛一頭分の肉が牛の膀胱《ぼうこう》の袋に収まるくらい小さくなるのだそうだ。昔ひと月もかかる長旅の際には、このボルツを食料として携えて行ったのだとか。スプーン一杯のボルツ粉でお腹いっぱいになれるだけのスープが作れるじゃないか。魔法の粉もいいところだ。

ジュージューと食欲を掻《か》き立てる音も、滴る肉汁もないけれど、カラッカラに乾いた牛肉には、この地で命を繋ぐための力強い味わいと知恵が詰まっているのだった。

丸焼きを超える豚のごちそう料理

タイ
「アカ族の村の宴」

飼い豚というのは、ご馳走である。

冷蔵庫のない村に住み、家で豚を飼っていることを想像してみてほしい。まず第一に、その豚が食べられる大きさの体に育つまでに時間がかかる。時が来るまで、一年の大半は肉なし生活を余儀なくされるはずだ。第二に、一度に大量の肉がとれる。鶏であれば1羽からとれる肉はせいぜい1～2kgなので、一家で消費してしまうだろう。これが豚肉となると、肉は50kgほどもとれる。一度には消費できないので、干したり燻製《くんせい》にしたりして保存する必要がある。もしくは、大勢集まる祝いの時などに絞めるか。実際、豚はアジア各地でお祝いの時のご馳走とされたり、贈り物にされたりする。

そんな時の最上級のご馳走は「豚の丸焼き」だと思っていたが、その上をいくものがあると知ったのは、タイの山岳部に住む少数民族アカ族の村で過ごした最終日であった。

この時は、友人の企画に乗っかって、日本人の仲間たち十数人で訪れていた。それぞれの家に分散して、一週間弱滞在したのだ。アカ族の人々は、竹で家を作ったり、山からとってきた野草を日々の食料にしたりと、山と生きる衣食住の知恵に長《た》けていて、生活の中で教わることは非常に多い。

その滞在の最終日に、村の人もみんな呼んでお別れパーティーを催してくれた。ご馳走のメインは、豚だ。多くの家の庭先で鶏と豚は飼われているが、鶏は比較的日常食であるのに対し、豚を絞めるのは特別な時。神への捧げ物にするか冠婚葬祭の時などだ。私たちのために絞めてくれるなんてとおそれ入った。

最終日の朝は、村長自らナイフをにぎり、村人も広場に集まって朝から支度してくれた。豚を解体するというのは大仕事だ。動きまわる豚を捕まえ、仕留め、肉にばらしていくのは力がいる。屈強な男たちが動員された。普段の料理は女性が担っても肉の解体は男性の仕事というのは、今まで出会ってきたすべての社会で共通だ。

作業が進んだ頃にまた通りかかったら、村の広場に引っ張り出されたテーブルにはバナナの葉が敷かれ、大きな肉の塊がでんと置かれていた。このあたりからは女性が活躍する。

肉を小さく切り、野菜など他の食材も用意して、一つ一つ料理に仕上げていくのだ。

料理する一部始終を見ることはできなかったのだが、できあがったテーブルに呼ばれて驚いた。こんなにたくさんの品数を作ってくれたのか。広場には8人掛けの丸テーブルがいくつも設置され、すでにその半分くらいにはお世話になった村人たちがついており、どのテーブルも乗り切らないほどのおかずの皿で埋め尽くされているのだ。席に着くと、ご飯をたっぷり盛ったお椀を渡され、コップには蛍光グリーンのファンタをなみなみ注いでくれた。ファンタも街に買い出しに行かないと手に入らないから特別だ。

ああ、この村での食事も最後か。ファンタで乾杯し、お世話になった村の人たちとこの宴席のための労苦に感謝しながら、食べ始めた。

スープには、玉ねぎや青菜にまじって肉がゴロゴロ入っていて食べ応えがある。白菜やにんじんなどと炒められているのは厚切りの脂身のようで、甘味があってうまい。ひき肉炒めに見えたのは案外辛くてくせがあり、「内臓炒めだよ」と言われて納得した。味付けはどれも、にんにく、小ねぎ、唐辛子、塩、それに味の素を組み合わせて作られていて、辛めでおおむね似たような味だが、時々うんと辛い。

驚いたのは、生肉料理。テーブルの上に二皿、明らかに他と色味の違うものがあったのだ。一つは鮮やかな真紅色で、生肉にねぎや生姜や唐辛子を入れて叩いてペースト状にしたもの。ちょっとだけ食べたら思った以上に辛く、にんにくとねぎも強く効いていた。生肉の鉄臭さを抑えるためだろうか。もう一つは赤黒くて、ぶつぎりにした赤身の生肉を生血であえたものだ。唐辛子の種が浮いていて、これも辛そうだ。実はこれ、私は食べていない。興味を惹《ひ》かれそれはもう食べてみたかったのだが、科学に詳しい友人が「豚の生血はE型肝炎リスクが高いから絶対ダメ」と何度も言うので諦めた。お腹を壊すくらいならかまわないと思ったのだが、一生肝臓病を抱えることになることもあると脅され、さらに彼女自身が相当がんばって我慢していたから、さすがに食べるわけにいかなかった。

しかし、村人はしきりに「食べなよ！」とすすめてくれる。生血は、豚肉を絞めたばかりの時でなければ食べられないから、このテーブルの中でも特別なご馳走のようなのだ。「強くなるよ」とも言われた。実際、豚の血には、鉄分、亜鉛、タンパク質、ビタミンB12といった栄養素が豊富に含まれ、動物性食品が乏しい山の生活においては貴重な栄養源だ。彼らにとっては希少なご馳走であり体を強くするもの、私たちにとっては病気リスク。なんだか切ない。

そういえば、これだけ肉料理が並んでいても、塊肉をどーんという系の料理がない。丸焼きがないのは言うに及ばず、ローストポークのようなものもないのだ。そういう豪快さと勢いのある料理こそがハレだと私は信じていたのだけれど、後で聞いたら「大きい塊だと大勢で公平に分けられないから」と言われ、そのやさしさに頭が下がった。皆で分けられるようこんなに全部小さく切ったり刻んだりしていたのか。

ご馳走だと思っていたものがそうじゃなかったり、食べることをためらうようなものがご馳走だったり。見方一つで景色はがらっと変わるものだ。

ココナッツで育つ豚は脂身がとける

トンガ 石蒸し料理「ウム」

豚は何を食べるか、ご存じだろうか。正解は、大概なんでも食べる。雑食なので、草も地中の虫も残飯もなんでも食べ、その様子が卑《いや》しいとか太っているからとかで、豚野郎なんていう悪口があるくらいだ。

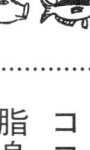

しかし、なんでも食べる一方で食べたものが顕著に肉の味に出るので、「豚に何を食べさせるか」は、世界中で豚を飼う人たちの関心事の一つ。身の周りに潤沢にあって人間が食べられないものというのが条件になるので、地域性の出るところでもある。

たとえば、スペインのイベリコ豚のうち「ベジョータ」と呼ばれる高級銘柄は、樫《かし》の森に放牧されてどんぐりを食べて育つ。脂がうまみと甘みをもった奥深い味わいになるそうだ。南米ペルーの農家では、収穫後のじゃがいも畑に豚を放って、割れたり傷んだりしたイモを食べさせていた。豚からしたら食べ放題、人間にとっては畑の掃除になって一石二鳥だ。イモは、消化に負担がかかるため食べさせすぎはよくないが、でんぷん質が多く太らせるのに向いているそうだ。

南太平洋のトンガでは、毎朝ココナッツを割って与えていた。これもまたユニークだった。

トンガは、南太平洋の小さな島国だ。約10万人の人口が大小170余りの島に散って生活していて、国というより瀬戸内海の小島をいくつか集めたくらいの規模。小さすぎて世界地図ではほぼ見えない。

伝統的なトンガの食の基本は、イモ、魚、ココナッツ。家の畑でタロ（サトイモ科のイモ類の総称）やキャッサバ（タピオカの原料になるイモ類）を育て、家からすぐの海で魚や貝を獲ってくる。ココナッツは、完熟した果実を木から落として割ると、殻の内側に分厚い白い果肉のような層ができていて、これをギザギザ刃物のような道具で削って鉛筆の削りかすみたいになったところに水を加えて絞ると、白いココナッツミルクが得られるのだ。これでイモや魚を煮ると、料理に甘味とコクが加わって、調味はこれで十分。中身を出した後の殻や外側は、料理する際のいい燃料になる。捨てるところがない。

また、未熟な若いココナッツを割ると、中にはほんのり甘いジュースがたっぷり詰まっている。喉が渇いたら「ねえ、落として」と子どもに頼んで実を落としてもらって飲む…

なんていう贅沢を毎日のようにしていた。子どもたちは木登りがうんと上手で、見上げるほど高いヤシの木に登ってはココナッツの実を落とすのだ。

で、このココナッツは人間の生活に重要なだけでなく、豚にとっても重要な食物であった。豚はトンガの生活に要の家畜で、この村ではどの家も飼っていた。滞在した家では、庭に十頭ほど放っていたのだが、毎朝ココナッツを割って中の白い部分を取り出して豚にあげるのが日課だった。この家は親戚が寄り集まって生活していたのだが、唯一の男性であるシファおじさんが斧をふるいながら、

「豚は残飯だけでも育つけれど、ココナッツもやった方が断然早く成長して、味もよくなるんだよ」と教えてくれた。ココナッツは脂肪分が高いからだろうか。

ちなみに完熟したココナッツを斧でカーンと割ると、殻の中にボール状のスポンジのようなものが入っていることがある。トンガ語でウトとよばれるもので、ココナッツの実がさらに熟して発芽したような状態のものらしい。これが、甘くてシャクシャクしてうまいのだ。豚の餌でもあるが、子どもたちの大好きなおやつでもある。私もどハマりした。子どもは学校に行くためにリュックを背負ったまま、ココナッツを割るシファおじさんの横に腰掛けて、ウトが出てくるのを狙ってはもらって食べるというのを毎朝やっていた。豚

と人間が平等に食べ物を分け合い、柵で隔てられることなく人が遊ぶ横で豚も庭を歩き回っているその様子は、なんだか微笑ましくもあり新鮮だった。

しかし、家畜である以上、豚も人間と対等とはいかない。いつか食べられるのだ。

「豚は、家で食べるために絞めることもあるけれど、主にお祝いの時や葬式時のためにとっておくんだよ」

そう聞いていたから、二週間弱の滞在中に豚を食べる機会はないだろうと思っていた。ところがその機会は唐突にやってきた。隣の家の親豚が、子豚を食べてしまったのだ。それも二頭も。放っておくと次々子豚を食べてしまうので、親豚を仕留めることになり、シファおじさんが手伝った。

部屋で3歳児と遊んでいたら、銃声が聞こえた。庭に出ると、さっきまで動き回っていた豚が動かなくなっていた。毛を焼かれ、肉にされていく。その様子を見ながら、私は心がざわざわした。しかし3歳の子どもは冷静で、近づいて解体の様子をじっと観察しながら「豚さん、豚さん♪」と口ずさむのだ。慣れている。

お隣さんは、手伝ったお礼にといって肉を半分くれた。さて、どうやって食べるか。まるごとの豚の場合は、丸焼きにするというのが一つの方法。これは誕生日の時なんかにするもので、手間も時間もかかるご馳走だ。もう一つの定番が、ウム。これは太平洋の島々の特徴的な調理方法だが、地面に掘った穴で石を焼き、その熱い石の上にイモや肉をのせ、葉と土で覆い、焼き石の熱で食材を蒸し焼きにするという料理法だ。前腕サイズに大ぶりカットした豚肉も、ウムで料理するとゆっくり熱が通ってうまみが全部閉じ込められる。

銃声が鳴ったのが14時。解体し、焼き石の用意をして、ウムの穴に入れて土を被せてから2時間待ち、ようやく食べられたのは日もすっかり沈んだ20時。へとへとの腹ペコでかぶりついた豚肉は、引き締まった滋味で、じっくり噛み締めた。脂が甘くて口の中でとけるようなのは、ココナッツで育ったからなのだろうか。

親豚に食べられてしまった子豚はかわいそうだが、そのおかげで私がこの豚を食べられたのだと思うと、複雑な気持ちだ。豚肉はけっこうな量あったけれど、家族で食べ、ご馳走を嗅ぎつけてやってきた近所の人にお裾分けしたりして、翌日にはすっかりなくなった。

それにしても、飼い育てるところから始まって、解体するのも料理するのも大仕事、食べ物を作るというのは本当に労力のいることだ。日本に帰り、スーパーに行き、紙のように薄くスライスされた芸術的なしゃぶしゃぶ用豚肉のパックを手に取って、こうなるまでの物語を想像してため息が出るのだった。

からあげ屋になる夢が叶った一日

インドネシア「アヤムゴレン」

世界を旅するからあげ屋になろうと真剣に考えていた時期がある。鶏肉は牛肉や豚肉に比べて宗教的禁忌が少なく、からあげはみんな好きだし（極論だ）、フライドチキンはじめ世界中に似たような料理があるし、醤油以外の材料はほとんど世界中で現地調達できる。だから、世界中鍋一つ背負って稼ぎながら旅できるんじゃないかと考えたのだ。

手始めに、からあげの理論を勉強し、唐揚検定を受けて、日本唐揚協会認定のカラアゲニストになった。おいしいからあげを揚げる練習もした。からあげ屋になりたいと熱弁していたら、年長の起業家に「マレーシアで炭火ＢＢＱの店を開く予定があるからそこで一緒にやるか？」と誘われ、一緒に現地に下見に行った。そうして各地の食事情を調べるうちに、「世界各地にからあげみたいな料理がある中で、わざわざちょっとだけ違う日本のからあげを買う理由ってあるのか？」とか考えだしたら急に熱が冷め、からあげ屋になる夢は一旦保留となった。

そう、鶏のからあげのような食べ物は、世界各地にあるのだ。KFCのフライドチキンを筆頭に、台湾には鶏むね肉をたたいて伸ばして顔よりも大きく広げた大鶏排《ダージーパイ》があり、アメリカには素揚げした後に酸っぱ辛いタレを絡めたバッファローウィングがあり、韓国には甘辛タレのヤンニョムチキンがある。挙げだせばきりがない。

そして世界各地の鶏肉を揚げた料理は、もれなくその土地の人々に愛されている（と思う）。食事にはもちろん、屋台スナックとしても、テレビ観戦のお供にも、人が集まる時の軽食にも。高級ではなく気軽に楽しめるのがいいところだ。私はどれも好きだが、一番記憶に残っているのはインドネシアのアヤムゴレンだ。理由は、こわかったからだ。

アヤムゴレンを作る側に回ったのは、ジャワ島北部のスラバヤという街、社員食堂厨房でのことだった。アヤムゴレンを食べたことは何度もあった。屋台や食堂の定番で、島ごと地域ごとに食文化がかなり違うといわれるインドネシアにおいて、どこに行っても見かける料理のひとつ。大ぶりで骨付きで、ぱっと見フライドチキンに似ているけれど、肉にしっかりスパイスの味が染みているのが特徴。衣はあったりなかったり。食べる店ごとに味や食感が異なるけれど、どれもおいしいのだった。

その社員食堂厨房におじゃまさせてもらったのは、「知り合いの会社のお昼ご飯作りを見てみる？」という友人からのありがたい誘いを受けてのことだった。130人の従業員を抱えるこの会社では、二人の女性がお昼ご飯を作っている。厨房はこっちだよと連れて行かれたのは、会社の敷地の隅にあるセメント作りの小さな建物で、家かガレージかと思って入ったら、がらんとした空間に作業台のテーブルと業務用のガスコンロと倉庫用のスチール棚が据えられていた。元は何か別の用途に使われていた部屋なのだろう。ともあれ、今は厨房だ。調理の熱気とスパイスのいい匂いが満ちていた。

ここでの料理を司るのは、チチックさん。36歳で二児の母、料理人というよりはパワフルな給食のおばちゃんのようないでたちだ。元々全然違う仕事をしていたのが「地元に帰ってくるために就職先を探していてたまたま見つけた」という。

今日のおかずは、アヤムゴレン、テンペゴレン（テンペという大豆の発酵食品を揚げたもの）、タフゴレン（豆腐揚げ）の揚げ物トリオ、それに野菜のおかずが二つ。厨房ではすでに調理が進んでいた。

「何手伝ったらいい？」

と尋ねると、揚げ鍋に向かっていたチチックが手を止めずに汗だくの顔で、

「じゃあアヤムゴレンの続きをお願い」

と言う。おお、やった！　アヤムゴレンはインドネシアのからあげのようなもの。からあげ屋になる夢がここで叶うのか。彼女からトングを受け取り、大きな揚げ鍋に向かった。

私がやることは簡単だ。すでにスパイスで煮てある骨付きチキンを一つ一つ油の鍋に入れて揚げるだけ。この時初めて知ったのだが、アヤムゴレンのあのスパイシーな味わいは、日本のからあげのように生肉に下味をもみこむのではなく、スパイス入りのスープで煮ることでつけているらしい。鶏肉の入った鍋は、黄色い煮汁に満たされていて、ぴょんぴょん突き出したレモングラス（ハーブの一種）がその風味を物語っている。

で、この鶏肉を一つ一つトングでつかんで揚げ鍋に入れていくのだが、これがけっこうこわい。油跳ねがすごいのだ。考えてみれば当たり前で、スープで煮てその汁気をまとったまま油の鍋に入れるのだから、水と油で反発するに決まっている。揚げ物の基本は水気を十分に拭き取ることだ。水を吸うために衣をつけたりもする。汁気をまとったまま素揚げするなんて、言語道断なのだ。一つ二つと投入すると、油はそこらじゅうに跳ねるし手にも容赦なく熱い油がとんでくるし、こわいったらない。しかし、やると言った手前あとには引けない。耐えて続けていると、そのうち慣れてばちばちはじける音や、香り立つスパイシー風味を楽しめるようになり、楽しい仕事になってきた。油まみれの汗だくにはなったけれど、この台所においてはどの作業をしても同じだ。

アヤムゴレンの任務を終え、すべての料理が出来上がって運び出したら、チチックは社員が集う食堂に連れていってくれた。渡された皿に、一緒に作った料理をたっぷりとる。アヤムゴレンは、濃いめに色づいたもも肉をとった。かぶりつくと、やわらかジューシーというよりはドライで噛みごたえのある味わい。しっかりスパイシーな風味が染みていて、皮がパリッとしているのがいい。見ていると、アヤムゴレンは人気者で、揚げ物トリオの中でも特に早くなくなっていった。揚げるのはこわかったけれど、労が報われた。

さてこのアヤムゴレン、「鶏肉を揚げた料理」という意味ではからあげと同じであるが、からあげとはおいしさの方向性がだいぶ違う。アヤムゴレンは肉はドライながら中まで染み込んだスパイシー風味が肝で、からあげは衣カリッと中ジューシーが理想系。揚げた鶏肉のおいしさもいろいろだ。

そんなことを考えていたら、世界各地のからあげを売る専門店をやりたくなってきてしまった。やっぱり私はいつかからあげ屋になる。

鶏は魚か？

インド
「鶏＆魚屋」

鶏は、魚かもしれない。

インドの市場を歩きながら、野菜や果物を眺めていたら、鶏と魚のイラストが描かれた看板の商店が目に入った。肉屋？　魚屋？　どういうこと？　まさか両方売ってるわけじゃないよな…気になって近寄ってみると、金属板を張っただけの台の上には丸魚が並び、その台の下のケージには鶏が詰められているではないか。本当に両方売っていた！　鶏は、牛や豚と同じく肉屋で売られているものだと思っていたけれど、もしかして魚だったのか。まあ当然そんなはずはないのだが、世界各地を訪れていると、この「鶏＆魚屋」をしばしば見かけるので、肉というものの線引きは自分が考えていたより曖昧なのかもなあと思ったりする。

インドで鶏と魚が一緒に売られている背景には、宗教的事情があるかと思う。インド人口の約8割を占めるヒンドゥー教では牛を「聖なる動物」として牛肉を食べないのはもちろん、次に多いイスラム教で豚肉を「不浄」とすることもあってか、豚肉も食べない人がほとんどだ。牛と豚肉を避けると、残るは羊とヤギ、鶏、魚。羊とヤギは、育てられる土地が限られることもあってか値段が高い。扱いやすさや価格の手頃さから、鶏と魚がまとめて扱われると考えるのは、そう不自然なことではない。

そういえば、インドの隣国ネパールから日本に来た留学生の友人は、「ぼくは肉は食べないけれどチキンは食べる」と言っていた。当時私は大学生で、チキンも肉じゃんと鼻で笑っていたが、もしかして彼にとっては肉じゃなかったのかなと今になって思う。

また、扱いやすさだけじゃなく文化的にも、鶏肉は他の肉より魚に近いのかもしれない。たとえば英語では、牛肉や豚肉や羊肉を「赤肉（red meat）」と呼び、鶏肉や魚を「白肉（white meat）」と呼んで区別する。調理した後の色が濃いのが赤肉、薄くて白っぽいのが白肉だ。そして白肉には、エビ・貝などが含まれることもあるのだから、ますます「肉ってなんだ？」となってくる。

この「赤肉・白肉」というのは、元々料理用語だったのが、栄養学の観点からも使われるようになった分類なのだそうだが、最近は環境の観点でもよく耳にする。赤肉より白肉を選ぼうとする意識はヨーロッパの家庭で特に顕著で、フィンランドの四人家族の家では「今日はＢＢＱだけど私はチキン」と言って自分の分だけ鶏肉を焼く母さんの姿があった。「赤肉はできるだけ控えるようにしているの。環境負荷が高いし、飽和脂肪酸が多くて体にも良くないしね。子どもたちは体の成長のために必要だから食べさせるけど」と言う。フィンランドでは、サウナ後やアウトドアの時など、ことあるごとにソーセージを焼くのだが、その時も彼女は手を伸ばさない。

フィンランド自然資源研究所（ＬＵＫＥ）が２０２３年に行った調査によると、フィンランドで昔から食べられてきた牛肉や豚肉といった「赤肉」の消費量はすでに数年連続で減少を続けていて、かわりに「白肉」である鶏肉の消費量が増え続けているのだという。

フィンランドだけではない。ハンバーガーのイメージがあるアメリカでも、今や牛肉消費量は減少に転じていて、一方で鶏肉消費量は右肩上がり。今や最も消費量が多い肉になっているのだ。ハンバーガーの国は、いつの間にかサラダチキンの国になっていたのか！

チキン志向は欧米だけではない。中東の砂漠国ヨルダンでは、羊肉をヨーグルトソースで煮て黄色いターメリックライスにのせて食べるマンサフという料理があり、客人が来た時にも出される正式なもてなし料理とされる。羊肉の獣くささと発酵乳の酸味が相まった強い味わいがくせになるのだが、羊肉ではなく鶏肉で作るという人もいる。私が滞在した家もそうだった。

「子どもたちが鶏肉の方が好きなんだよね。羊肉はヘビーだって。まあ鶏肉の方がずっと安いからありがたいんだけど」

母さんは苦笑いして、今日は鶏肉でごめんねと言いながら鍋を混ぜていた。正式な場やもてなしには羊肉でなければならないらしいが、家では鶏。安くてみんな好きならば全然いいじゃない。チキンのマンサフは、食べやすくおいしかった。

安くてヘルシーで環境負荷が低いならば、世界が赤肉から白肉にシフトしていくのもいいことだと思う。ただ、世界中がみんな鶏肉になっちゃったらつまらないとも思う。料理のアイデンティティに関わる食材は、簡単に替えがきくものではないとも思うけれど、食文化というのはそうやってゆっくり変化していくものなのかもしれない。

朝限定フレッシュな白いソーセージ

ドイツ「ヴァイスヴルスト」

朝限定のソーセージというのがある。ソーセージはもともと保存食として作られたものなのに、そのソーセージはまったく保存が効かず、早朝作られたものを昼までに食べないといけないのだ。逆張りでおもしろい。出会ったのは台所探検を始めるずっと前、10年以上昔のこと。しかし個性的でずっと記憶に残っている。

ソーセージの国といえば、ドイツ。ソーセージの生産量も消費量もヨーロッパで最も多く、一人当たり消費量は年間21kg (Market Data Forcast, 2021)。ヨーロッパのどの国をもしのぎ、日本人の約4倍にもおよぶ。

そもそもソーセージとは何か。肉を塩や香辛料で味付けして動物の腸に詰めたもの、というのがシンプルな定義だ。肉の種類は豚をはじめとして牛や羊や鶏肉など、動物の腸は人工素材を使うこともある。保存性を高めるために燻製や乾燥を施すことが多く、これにより多様な味わいが生まれている。ドイツだけで1000種類以上のソーセージがあるといわれるが、いったい誰が数えたのか。

朝限定ソーセージに出会ったのも、ドイツだった。10月に開かれるビール祭り、オクトーバーフェストのために出かけていたのだ。当時私は隣国オーストリアに留学していて、オクトーバーフェストが行われるミュンヘンへは電車で4時間ほどで行けた。せっかく近くにいるのだから本場のビール祭りを体験しようじゃないかということで、ビールが全く飲めないのに友人たちと行くことにしたのだ。

約束は現地集合だったので、一日早く現地入りして、カウチサーフィン（国際交流したい旅人とホストをマッチングし、無料で宿泊できるサービス）で見つけた方のお家にお世話になった。ドアを開けてくれたお兄さんは体が大きく、一見こわそうだったがやさしかった。

翌朝起きたら、「買い物に行こう」と言う。行き先は市場。朝から楽しい。うきうきして彼についていくと、色とりどりの野菜が並ぶ店を素通りし、各種チーズが山積みのチーズ屋も素通りし、まっすぐ肉屋に入った。オクトーバーフェストの飾り付けで、ハート型のソフトクッキー（レープクーヘン）が吊り下がっている。こんなかわいい肉屋見たことない。

「ヴァイスヴルストを六つ」

彼は肉屋のおじさんに注文する。ヴァイスヴルストの二つのヴは喉から息を吐き出すような音で、寝起きの日本人には発音できない。やたら強そうな響きだが、ヴァイス（weiß）は英語のwhite、すなわち白を意味し、ヴルスト（wurst）はソーセージ。つまり白ソーセージだ。包んでくれたそれは色白でやわらかくて、言葉の響きと裏腹にたいへん弱々しい。

包みを受け取り、カウンターの上に置かれた大きなプレッツェルも三つ購入。プレッツェルというと一口大のビスケットみたいなお菓子を想像するが、このプレッツェルは同じ形のまま手のひらからあふれるサイズに大きくしたようなパンで、表面は硬く中はもちもちだ。

家に着いたら鍋に湯を沸かす。グラグラは沸かさずふつふつ程度。彼はそこにソーセージを入れて、しばらくして温まったら皿にとる。白いソーセージはゆでてもやっぱり白い。2本ずつ皿にのせ、プレッツェルを添え、マスタードの瓶を取り出したところで彼の友人がやってきた。三人で遅めの朝食だ。

ナイフとフォークを渡されたから、当然輪切りにして食べるのだと思った。すると「食べ方があるんだ」という。彼はナイフでソーセージの端を切り、チューチューアイスのように吸い始めた。吸うソーセージ?! 驚いている私を見て彼は笑いながら言った。

「ヴァイスヴルストの皮は普通のソーセージより分厚いから食べないんだ。これが昔からの食べ方だけど、今はナイフとフォークを使うことが多いね」

そう言って見せてくれたもう一つの食べ方は、ナイフで縦に切り込みを入れて中身を転がすように出すというもの。甘めのマスタードをつけて食べる。私もまねして食べる。

ふわふわだ! 食べ慣れたソーセージは、皮がパリッと肉はムチッとして、燻製香とともに肉汁が出てくる。だがこの白ソーセージは、焼かずにゆでているためなのか、ふわふわという言葉が似合うくらいにやわらかい。燻製香がないのはもちろん、ハーブの香りも控えめだ。フレッシュでやさしい味わいで、するすると食べ進んでしまう。朝からこんな大きなソーセージを2本も…と思っていたけれど、大きなプレッツェルと共にお腹に消えていった。

「ヴァイスヴルストは一年中食べられるけど、オクトーバーフェストの朝の定番なんだ」と彼は言う。「ぼくたちも今日行くんだけど、会場ではまた別のソーセージを見るはずだよ」

その言葉の通り、その日の午後はソーセージの豊富さとビールジョッキの大きさ(皆1ℓのを片手に持っている!)に驚かされることとなった。

ソーセージの特性である保存性をまったくもって備えておらず、食欲をそそる燻製香も茶色い色味もパリッとした皮もない。それどころか、色白で太くて名前は発音しづらく、完全にひ弱なソーセージだ。しかし、そのおよそソーセージらしくない特徴ゆえに、個性的な食べ方が発展し、フレッシュなおいしさとあいまって人々の関心を集めているのだから、短所と長所は紙一重だ。

ちなみに、現代は保存技術も発展し、正午を過ぎてもヴァイスヴルストを食べられるようになった。それでも「あれは朝に食べるもんだ」という頑固なミュンヘンっ子の主張には私も同意する。朝しか食べられないから、一層おいしいのだ。

ソーセージとプリンの意外な関係

アイスランド「ブロゥズムール」

ソーセージとプリンの違いは何か。「いや全然違うでしょ」という人は、正常である。日本語のソーセージとプリンは、食べ物であるということ以外およそ何の共通点もない。アメリカ英語でも、pudding と sausage は別物だ。だが、イギリス英語の世界で pudding と sausage の違いはというと、これがちょっとややこしくなってくる。

イギリスのオックスフォード英語辞典によると、pudding という語がはじめて使用された例は13世紀頃に見られ、その語源はフランス語の boudin とする説が有力だ。boudin はラテン語の botellus からきていて、これはなんと「小さいソーセージ」という意味なのだという。初期の pudding は、豚や羊や牛を屠畜《とちく》した時に出る血と脂とオーツなどの穀物をまぜて腸詰にしてゆでたものだったそう。これは現在にも形を残していて、イギリスのブラックプディングといえば、チョコ味のプリンのことではなく、血のソーセージだ。つまりプリンの始まりは血のソーセージだったようなのだ。
血のソーセージ！　日本のスーパーではまず見かけない物だし、私も初めて聞いた時は驚いた。しかし、肉食文化の国を訪れると、実はけっこうよく出会う。考えてみれば当たり前だ。ソーセージというのは、動物を絞めた時にあらゆる部位を無駄にしないために「腸に詰めて加熱して保存できるようにしよう」という発想で作られるものであって、血や内臓こそソーセージにされるべきなのだ。血や内臓は肉以上に傷みやすいのが欠点だが、ミネラルや鉄分などを豊富に含み、栄養源としての価値は高い。

イギリスよりさらに北に位置するアイスランドでは、ブロゥズムール（Blóðmör）という血のソーセージに出会った。blóð＝血、mör＝腎臓付近の脂なので、直訳すると「血と脂」だが、羊の血と脂身にライ麦粉やオートミールなどの穀物をまぜたものを羊の胃袋に詰めて、ゆでて作る。一般的なソーセージは腸に詰めているので、それに比べるとかなり太くてハムのように丸く、スーパーのハムソーセージ売り場に並んだその姿は存在感がある。ちなみにブロゥズムールとセットで扱われるのがリフラルピルサ（Lifrarpylsa）で、まったく同じ形と作り方で、血の代わりに羊のレバーを使う点だけが違いだ。こちらは lifrar

＝レバー、pylsa＝ソーセージなので、直訳するとレバーソーセージである。兄弟のように見えて、片方だけソーセージの名が与えられている理由は、誰に聞いてもわからない。

アイスランドを訪れた時お世話になったのは60代の夫婦だったのだが、リフラルピルサは、妻アウスティスが買ってきてくれた。

「私はブロゥズムールはほとんど食べないけどリフラルピルサは好き。パンにのせる人もいるけど、このままスナックみたいに食べるのがいいんだよ」

そう言って、1㎝くらいの厚切りにしたのをつまんでぱくっと食べた。いやレバーソーセージをそのまま食べるのは強すぎるでしょうと思いつつ私も1枚もらったら、これが思いの外いける。穀物が入っているせいなのかほんのり甘みがあって、レバーという言葉から連想する鉄臭さや苦味を感じることもなく、本当にスナックのように食べられてしまう。

「冷蔵庫に入ってるから、いつでも好きな時に自分で切って食べてね」

と言われ、その言葉に甘えて毎日昼頃に切っては食べた。世界で最も男女平等が進んでいて、個が自立しているアイスランド。アウスティスも夫クリスチャンも日中いたりいなかったりで、夕飯以外の食事は「自分で好きなもの出して食べてね」がデフォルトであった。

レバーソーセージをおやつのように食べる日が来るなんてと思ったが、さらに通な人は角切りにしてミルク粥にのせて食べるらしい。私は割といろんな食文化にオープンなつもりだが、これはさすがに想像が追いつかない。

血のソーセージ「ブロゥズムール」の方の食べ方はさらに驚きであった。これを食べたのは、ソーラブロートという冬の行事の食卓でのことだったのだが、普段は食べない伝統保存食を食べようという比較的新しい習慣があり、血のソーセージもその食卓に並ぶアイテムの一つだったのだ。羊の頭の丸ゆで、発酵サメ肉、羊肉の燻製ハムなどが並ぶ中、用意されたブロゥズムールは二種類。一つは普通のもの、もう一つは「保存食の」ブロゥズムールで、スキール作りの副産物として出るホエイ（乳清）に漬けたものだ。アイスランドはかつて塩が得にくかったため、塩ではなくホエイを使った保存食が多くある。

ホエイといえばヨーグルトの上に浮いてくるあの透明な液体のことで、酸味がある。ゆえにここに漬けると血のソーセージもレバーソーセージも酸っぱくなる。口に入れたら決して食べやすい味ではなく、「う、どうやって食べ切ろう」と困っていたら子どもたちも「う」という顔をしていてちょっとほっとした。こっちは食べやすいはず…と期待をかけ、ホエイ漬けしていない方のブロゥズムールに手を伸ばす。すると食卓を取り仕切っていたホストからとんでもない提案が。

「そのまま食べてもいいんだけど、砂糖をかけてフライパンでちょっと焼いたのも私は好きだよ。やりたければ自分でキッチンでどうぞ」

血のソーセージに砂糖⁉　困惑しながらも、

「それやってみたい！」

と立ち上がり、キッチンに向かい、指導してもらいながら一切れの血のソーセージを焼いた。たっぷりかけた砂糖はフライパンの上で溶け、血のソーセージがカラメリゼしたかのようになる。焦げそうになる直前で皿に取り、ナイフとフォークで切って食べると、想定外にうまい。血の鉄っぽい匂いが抑えられ、深みのある甘みすら感じられ、うんと食べやすい。それにしても、デザートのような食べ方だな。あれ…もしかして、プリン？

プリンはデザートではなくソーセージで、ソーセージはデザートのよう。解けたように思えた謎は再びこんがらがり、また悩みはじめてしまった。

夜市の屋台ソーセージ

台湾「大腸包小腸《ダーチャンパオシャオチャン》」

ソーセージというと欧米のイメージが強いが、アジアにもユニークなソーセージがいくつもある。

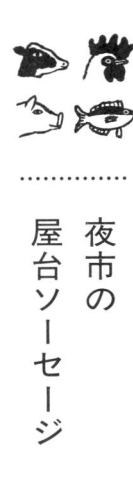

ベトナムのネムチュアは発酵ソーセージで独特の酸味がくせになる。タイのサイクロークイサーンはゴルフボールが連なってとぐろを巻いたようなビジュアルで、もち米入り。しかしアジアソーセージの中でも強く記憶に刻まれているのは、台湾の「大腸包小腸」だ。大腸で小腸を包むって…ビジュアルを想像してから続きを読んでほしい。

アジアソーセージは、屋台で出会うことが多い。この時の出会いも、屋台であった。台湾は外食文化が発達していて、三食外食という人も珍しくない。人口密度が世界有数の高さで、日本の約2倍。都市部の一人暮らし用アパートではキッチンがないことも多いとか、外食の方が安くつくとか、そんな事情があるようだ。手頃な台湾グルメが立ち並ぶ夜市（ナイトマーケット）は観光客にも人気で、交通部観光局が２００９年に行った「来台旅客消費および動向調査」によると、夜市は観光客が最も訪れる観光スポットとなっているらしい。

かくいう私も、夜市に惹きつけられてしまう人間の一人だ。台湾に仕事で訪れた際、たった数日の滞在中、毎日違う夜市に通っては目移りしながらローカルグルメを楽しんでいた。まずは基本のぶっかけご飯ルーローハン。小籠包。それから煮豆やフルーツのたっぷりのったかき氷。三日目になるとちょっと変わったものが食べたくなってくる。自分のまだ見たことないものを探して、漢字で書かれた看板をなめるように見て歩く。世界を訪れていると文字が読めないことも多々あるが、台湾は漢字だからある程度意味が推測できてうれしい。

「大腸包小腸」の文字が目に留まった。思わず、大腸が小腸を包んで取り巻いている様子を想像してしまう。理科の授業で習った人体解剖図だ。スパイスの匂いやキラキラ輝くスイーツに掻き立てられていた食欲が、ひゅんと音を立ててしぼんでいった。解剖か…。

しかし、頭上にかかったその看板から視線を下げると、再び食欲が急上昇した。熱した金網の上ではソーセージが焼かれ、ジュージューと音を立てながら肉汁を噴き出している。

看板に書かれた他のメニューは「原味香腸」「五香香腸」など。台湾語でソーセージは「香腸」だったはず。ここはソーセージ屋さんなのか？　そういえば日本語でもソーセージのことを「腸詰め」といったりするけれど、それは豚や羊の腸に肉を詰めて作られるから。腸という漢字がソーセージを意味するならば、大腸包小腸もソーセージの一種なんじゃないか。そう思うと俄然興味が湧いてきた。好奇心に突き動かされ「あれ一つください」と指さしで注文した。

Tシャツに赤い花柄のエプロンを着たおばちゃんが、ぷっくり太ったソーセージを取り出し、金網にのせた。ちょっと赤みを帯びていい照りを放っている。これは期待できる。斜めに数本切り込みを入れ、反り返ろうとするのをトングで押さえつけながら焼く。

そしてもう一つ別のソーセージが登場した。今度のはひとまわり大きくて、やけに白い。質感も何か違って、妙にゴツゴツしている。金網の上で焼かれても、ほんのり表面が焦げるだけで、皮が破れて肉汁が滲み出てきたりしない。何か違う。ソーセージの観察を続ける私に向かっておばちゃんは、「にんにく、ねぎ、全部いる？」と身振りで聞いてきた。ソーセージにマスタードだったらわかるけれど、にんにくやねぎ？　よくわからないけれど

「はい、もちろん」

と答える。おばちゃんは生にんにくと長ねぎをザクザクとスライスする。

ソーセージがいい色になったところで、白い方のソーセージをまな板に取り、縦に切り込みを入れた。肉汁があふれ出る…かと思いきや、なんとぎっしり詰まった米が顔を出した！　肉のソーセージだったらぱっくり二つに分かれるところ、米なのでもそもそして、なんだかホットドッグのパンみたいだ。とか思っていたら、開いたところに赤茶色のソースと砕いたピーナッツをかけ、先ほど切ったにんにくとねぎに高菜漬けもはさみ、赤く焼けたソーセージをぎゅっと押し込んでビニール袋に入れて渡してくれた。本当にホットドッグになっちゃった！

謎の見た目に警戒しながら恐る恐るかぶりつくと…目を見開いてしまった。なんでこんなにおいしいんだ。ソーセージは粗挽きで肉らしさがありつつ、かなり甘い。ハーブやスパイスの強い香りに気圧《けお》されるということもなく、非常に好みだ。そして、外側の「大腸」。その硬めの食感からもち米であることはわかったが、どうしてただの米がこうもおいしくなるのかさっぱりわからない。米粒自体のうまみもさることながら、肉汁からソースからすべてを受け止めたその味わいといったら。甘めのソーセージに醤油風味の甘しょっぱいソース、追い打ちをかけるようにピーナッツの香ばしさと食感。そしてそれをぴりっと引き締める生にんにくと生ねぎ、高菜漬けの酸味。完璧なチームワークだ。路上に棒立ちになったまま、夢中で一気に食べてしまった。

後で知ったのだが、もち米でできた外側の「大腸」は単体でもソーセージ屋台で売られていて、焼いたものを輪切りにしてソースをつけて食べるのだそうだ。それだけでも十分な一品だが、屋台では大腸も小腸も売っているので、「ならば一体化させてしまったら？」という発想で生まれた傑作がこの大腸包小腸に違いない。というのは勝手な推測だが、何にせよこのもち米ホットドックは、完全に私の心をつかんだ。

本物の肉の味がしてハーブが香りしっかり燻《いぶ》されたヨーロッパの本格ソーセージは素晴らしいものだと思う。一方で、甘くて米入りで夜市の喧騒《けんそう》の中で食べるアジアのソーセージは抗いようのないうまさで、「やっぱり自分はアジア人なんだなあ」と強く自覚するのだった。

新鮮な魚は醤油ではなく ココナッツミルクで

トンガ
「青魚のココナッツミルク煮」

新鮮な魚は醤油に限る。刺身は醤油をちょんとつけて。マグロは醤油ベースの漬け液でヅケにしてもいい。焼き魚はさっと醤油をかけて。煮魚は醤油に酒やみりんなどの調味料を加えて煮るものだ。ほら、全部醤油。魚が新鮮であればあるほど込み入った調味料はいらず、醤油さえあればいいと信じていた。ところが、「魚といったらココナッツミルクでしょう」という国もあったのだ。

南太平洋のトンガにいた時のことだ（p.158参照）。書き始めようとしてあの時の記憶が蘇ってきたのだが、あれほど魚を渇望していたことはない。海に囲まれているのに生魚を食べる機会がなくて、連日輸入物のサバ缶やコンビーフ缶、脂身ばかりの羊バラ肉を食べていたのだ。魚を食べない理由を尋ねると、「すぐそこの海で釣れるんだけど面倒だし、買うと高いから」と言う。釣れるのなら釣って食べたいと思って、仲良くしていた8歳の男の子に頼み込み、彼の友人に自作釣り竿（ソーダ瓶にテグスと針をつけたもの）を借り、釣りに挑んだ。ところが、こちらの気合いにもかかわらずさっぱり食いついてくれる気配がない。海の中には数えきれないくらい魚の影があるのに。雨が降りそうになったので諦めて退散した。

そんな感じでちっとも魚にありつけない。南の島に滞在して毎日ビーチに遊びに行ったのに一度も新鮮な魚を食べなかった、というのもむしろ面白いかなんて思い始めていた。ところが最後の日になって、そのチャンスは突然にやってきた。

朝食を食べ、いつものようにベビーの相手をしていると、隣の家に住む母さんが庭に来て、ココナッツを削り始めた。この2家族は別の建物に寝起きしてはいるものの、親戚なのでほぼ一つの家族のようなもの。互いの家を行き来するのは「ちょっとあっちの部屋行ってくる」くらいの感覚だ。彼女はココナッツを削りながらふと私の方を見て言った。

「ナンセが魚を買ってきたみたいだよ」

なんだって！　ナンセ姉さんは、小学校に届かないちびっこ3人の母なのだが、うんと面倒見がいい。朝幼稚園に行く娘のために弁当を作ったら、私にも「朝食だよ」と言って同じものを持ってきてくれる。やさしくて、いつも気にかけてくれて、姉のように慕わせてもらっていた。

　行ってごらんと言われるのを待たず、向こうの家に走って行った。台所に飛び込むと、ナンセは片手にビニール袋を提げ、棚からたらいを出したところだった。この家の台所は、ガレージにガス台や冷蔵庫を置いたような作りで床が土だから、ちょっと土間みたいだ。

「市場に行く用事があってね。それなら魚を買ってきてと父さんに頼まれたんだよ」

　と言ってにやっと笑う。本当に父さんが食べたかったのか、私が食べたいのを知ってい て買ってきてくれたのか。わからないけれど、とにかく魚だ！

　みっちり重そうなビニール袋を破くと、体長15㎝ほどの青魚があふれ出てきた。体の色形も、ぜいごがついているところも、小ぶりのアジそっくりだ。２kg分あるという。ナンセは一つ一つ下処理していく。腹に縦に包丁を入れ、指で内臓をかきだす。これは私も生まれてから何度もやっているので「手伝っていい？」と言って内臓かきだし担当になった。

　次はうろこ取りだ。これだけの大量の魚のうろこをとるのは大変そうだなあと思ったら、ナンセは予想外の行動に出た。魚の端の方をつまんで、皮をはがしてびりっとむく。魚の皮ってこんなに簡単にむけるものだったの？　するすると皮をむいた後、ぜいごをとってどんどん寸胴鍋に入れていく。大胆だ。

そこに母さんが、搾り終えたココナッツミルクのボウルを持ってやってきた。受け取って、そのまま魚の鍋に注ぎ、水を加えて火にかけるナンセ。ちょっと待て。私の頭の中は完全に醤油と砂糖の甘辛い煮付けになっていたので、ココナッツミルクの海に浮かぶ魚の姿に大いに困惑した。もちろん、ここでは毎日ココナッツミルクを使う生活だったから、何もおかしいことはないのだけれど。それでも青魚の生臭さとココナッツミルクの華やかな香りがどう融合できるのかさっぱり想像がつかないし、変な匂いになりそうでこわい。

「本当は玉ねぎとにんにくがあるともっといいんだけどね。でもこれでも十分」

ほんとかな。塩も入れていなかったし。30分弱経ったところで味見をして、うんと頷いて火を止めた。

お皿に1尾、2尾…5尾のせて、鍋からすくった乳白色の煮汁をマグカップに注いで皿の上の魚の脇に置く。魚を食べながらスープのように煮汁を飲むのだそうだ。見たことのない食べ方だ。それから別の皿にカペというイモをゆでたのを大ぶりカットでどんどんとのせる。「これ父さんのところに持っていって」と両手に皿を渡された。5尾の魚は、一人分だったのか。

父さんは寝そべってテレビを見ていたけれど、皿を目にするなりむくっと起き上がった。両手で魚の身をほぐしながら、うれしそうにかぶりつく。私はココナッツミルクと魚臭さの相性に疑念をかけていたけれど、あの笑顔を見たら信じないわけにいかない。台所に駆け戻り、5尾のせてくれようとするのを3尾でいいと微妙な遠慮を見せながら皿を受け取り、はやる心を抑えながら魚に対峙《たいじ》した。

魚だ。ついに魚だ。日本に生まれ育ち、魚は何度も食べてきたけれど、ココナッツミルク魚は初めてだ。身をちぎってそっと口に運ぶ。

普通だ。良くも悪くも、驚くほど普通だ。恐れていたようなココナッツミルクと青魚の喧嘩は起こっていなかったが、むしろ本当にココナッツミルクを入れたのかと思うほど、存在感がない。そういえば、搾りたてのココナッツミルクは、缶入りのそれのクリームのような濃さとはまったく別次元の軽さなのだった。すごく薄くてあっさりしていて、甘い香りはあるけれどウッとくるような強い匂いではない。これで煮ると、魚臭さだけがうまく抑えられていい感じに仕上がるのだ。ココナッツミルク、やるじゃん。

魚はナンセの娘も好物のようで、「もっと！」とせがんでいつもより食べっぷりがいい。最後の日に一緒に食べられてよかった。ナンセ、ありがとう。

ココナッツミルクと魚の料理は他にもあった。一つはミティ・イカ。これは別の日に私が出かけている間に作っておいてくれたものだが、具沢山のココナッツ冷や汁のような料理だった。トマトと玉ねぎを角切りにして、細切りのレタス、もずく似の海藻、そこにサバ缶、塩、搾りたてのココナッツミルクをたっぷり注ぎ、ライムをひと搾り。どんぶりのような器に入れて、甘くないバナナの丸ゆでと一緒に食べる。「本来は生魚を使うんだけどね」と言っていたが、どっちにしても驚きだ。もずくにココナッツミルクにサバ缶。この組み合わせの味が想像できるだろうか。これが、極めて普通なのだ。ココナッツミルクは「どこ？」と思うくらい裏方に徹し、魚の臭み、もずくの磯臭さ、あらゆるいやなにおいをマスキングしてやわらかくまとめ上げてくれる。

驚いたのは、お隣の国フィジーのココンダ。刺身のココナッツミルクあえだ。これは、生の白身魚をたっぷりのライムで漬けたのちにココナッツミルクや唐辛子などとあえたもの。さっぱりしながらも豊かな香りがあって、南国の気候によく合う。

南太平洋での魚経験を通して、「新鮮な魚には醤油一択」と思っていたその考えを、改めざるを得なかった。大豆文化の日本では醤油、ココナッツ生い茂るトンガやフィジーではココナッツ。その土地ごとに魚のベストパートナーがあるものだ。

現代の魚は陸で育つ

ボツワナ「ティラピア丸揚げ」

世界で今魚需要が高まっている。そんな中で注目されている魚の一つは、陸で育つものらしい。

その魚に出会ったのは、アフリカのボツワナという国だった。南アフリカ共和国の北に接する内陸国で、乾燥した気候のため農業に不向きで、昔から牧畜を中心とする文化。しかしそのカラカラの大地の下にはダイヤモンドの原石が眠っていて、世界的なダイヤモンド産地になっている。作物は獲れないけれどダイヤモンドは採れる、そんな土地である。

観光といえばかろうじてサファリくらい、特別おいしい食べ物があるとか絶景づくしというわけではなく、アフリカの中でも影の薄い国だ。そんな国に私が訪れたのは、日本人の友人がボツワナで働いていて「来ない？」と誘われたから。首都ハボローネで合流し、北の地域を目指して車に乗った。乾燥した見通しの良い大地を延々とドライブ。初めて見たバオバブの木はコミカルな姿でかわいかった。途中寄り道したりもして、丸一日かかって湖のほとりの目的地の村に到着した。

車から降り、カラカラの小径を歩いて家に向かう。背の高い男性が迎えてくれた。彼の名はエドアルド、ネイチャーガイドの仕事をしている。彼について家に行くと、ちょうどお昼前で彼の妻が外で料理をしていた。雨が滅多に降らないためか、料理も外でするようだ。地面に焚き火を作り、その上にのせた鍋で何かを揚げている。その周りには食材を切る小さな台や水桶があるから、ここが台所なんだろう。遠かったでしょうなんて言いながらプラスチックイスを出してくれた。

彼女が鍋から取り出し、少し冷まして渡してくれたのは、まるごとの揚げ魚。食べなさいと言う。といっても、わかさぎの唐揚げとはわけがちがって、うちわくらい大きいのだ。友人とわけて食べようとしたら、友人にも一尾渡された。一人一尾食べろという。これから一緒にお昼ご飯作る予定なのに、これだけでお腹いっぱいになっちゃうよ。でも断りようがないので、魚を両手でつかんでかぶりついた。

予想外においしい。カリッとした表面と、ふっくらした白身のコントラスト。しかも小骨がなくてすごく食べやすい。夢中になって、両手でつかんでたい焼きみたいに食べ進めた。日本に生まれ育って、人生で数え切れないくらい魚を食べてきたが、こんな大きな魚をこんな豪快に食べたのははじめてだ。なんだか愉快でバクバク食べてしまう。そんな様子を見てエドアルドも妻もニカッと歯を見せて笑う。二人とも歯が真っ白でまぶしい。

ほとんど丸ごと食べ終えてから、ふと気になった。この魚どこから来たんだ？　ここは海から遠いし、村に冷蔵庫はなさそうだし。いつどこで買ってきて、どれくらい保存していたんだろう。衛生的に大丈夫だったんだろうか…急に気になってきた。

ところが、大丈夫なのだ。この魚の名はティラピア。「21世紀で最も重要な養殖魚」と期待をかけられている有名人、いや有名魚でもある。日本ではあまり知られていないけれど世界では結構ポピュラーで、養殖量ではコイ類について世界2位（ＦＡＯ、２０１９年）。４０００年前の古代エジプトで養殖が始まったとされる歴史ある養殖魚だが、ここ数十年で急速に世界中に広がって、１９９０年代から２０２１年の約30年間で養殖量は約10倍にもなった（FAO FishStat, 2023）。

このティラピアの何がすごいって、まず淡水の環境で育つ。つまり海ではなく湖や池で育つ。もっというと、家の近くにプールを掘ったらそこで育てることができるのだ。ということはつまり途上国の農家などでも小規模でティラピア養殖を始められるということだ。実際、東南アジアの畑を歩いていると、突然田んぼみたいなものがあり、近づくと魚が泳いでいるということがある。そういう小規模なものだけでなく、大規模な養殖施設もある。

さらに海ではなく人口池で育つということは、環境面でも利点がある。海洋環境を汚染することもなく、養殖池から逃げ出さない限りは周辺環境への影響が少ない。また、海洋に比べて気候変動の影響も受けにくい。今後の地球環境を考えても、比較的安定して持続可能なかたちで生産できる魚だと言えるのだ。

強みはまだある。かなり高温で生育できるのだ。ティラピアの生育に最適な水温は20～30度だが、36度くらいでも生育できるらしい。それって人間の体温じゃないか。今後のタンパク質不足が懸念されているのはアフリカやアジアといった比較的高温地域なので、これは大いに利点だ。

ということは。あのボツワナの大地で食べたティラピアも、近隣の湖か池かで獲れたものなのだろうか。そうだったことにしておこう。

ちなみにこのティラピアは、ボツワナのような厳しい環境の地域だけでなく、ヨーロッパやアメリカでも人気を博しているらしい。その理由は、高タンパク低脂質でくせがなく、身離れ良好、小骨が少なく、フィレにカットして西洋的な料理にも幅広く使えるから。使い勝手のいい白身魚なのだ。

いやぁティラピア、本当に強い。最強だ。しかし、重大な欠点がある。それは強すぎることなのだ。洪水などのはずみでティラピアが養殖池から自然界に逃げ出すと、その土地に元々いた生物たちを食い散らし、生態系を破壊してしまうのだそうだ。強すぎる外来種がその地域の在来種を駆逐してしまう例は、ブラックバス、マングース、セイタカアワダチソウなど、動植物を問わず世界に数えきれないほどある。ううん、強すぎるのも問題だ。食料問題の解決は一筋縄ではいかない。

氷の国の寒風が作る干し鱈《たら》

アイスランド「ハルズフィスクル」

干し鱈を知っているだろうか。文字通り、白身魚の鱈を干したもので、日本の水産加工品の一つだ。鱈は寒い海域にすむ魚で、主に北海道で水揚げされて作られる。開いた身をローラーなどで平らにし、そのままあるいは軽く塩をして干すそうだ。煮物に使うといい出汁が出るが、酒飲みの人はこれを炙って食べたりするらしい。開かずに丸ごと干した棒鱈というのもあって、私の祖母はよくこの棒鱈を戻して里芋や大根と煮てくれたものだ。甘くやわらかい出汁が出て、干した魚の力ってすごいなと思い知らされる。

お隣の韓国にも干し鱈に似たようなものがある。プゴと呼ばれるその食材は、日本のと同じくローラーで伸ばしたようなもので、スープで食べるのがよく知られている。水で戻したプゴをごま油で炒め、大根や豆腐を入れ、醤油などで味付け。韓国料理といえば辛いものが多い中で、プゴクというこのスープはまったく辛くないし見た目も真っ白。出汁のにじみ出たやさしい味わいがお腹にしみる。風邪ひきそうな時に飲みたい味だなあなんて思っていたら、お酒を飲みすぎた翌朝にもよく飲むものなのだという。
干し鱈はいい出汁が出て、煮物や汁物にぴったりの東アジア食材、そう思っていた。

ところが、アジアを遠く離れたアイスランドのスーパーで、またこの干し鱈に出会ったのだ。しかも、なんかおしゃれ。私の記憶の中の干し鱈は、透明なビニール袋に青色の筆文字で「干したら」と縦書きされていて、港町の魚市場に売っていそうな趣であった。それが、今目の前にあるのは、水色の小窓付き袋や船のイラストをあしらったシールが貼られた袋に入っていて、ちょっとポップだ。丁寧に再封できるジッパーまでついていて、コンビニで売られているおつまみかナッツの袋のようだ。

パッケージに書かれた名前はHarðfiskur、ハルズフィスクルと読むのだろうか。アイスランド語は英語にちょっと似ているので、なんとなく意味が推測できる。硬い（hard）魚（fish）だろう。その姿そのものだ。これが鮮魚コーナーの隅に少し置いてあるというのではなく、棚に何種類も吊るされてけっこう大きなコーナーになっているのだ。

これ、どうやって食べるんだ？　アイスランド含めヨーロッパには、出汁と醤油で煮る煮物のような料理はない。スープに入れるのだろうか。待てよ、スモークサーモンなどの隣に売られているから、もしかしてもう味が付いていてそのままおつまみのように食べるのかも。そう思ってパッケージを手に取り、ひっくり返して裏を見てみたけれど、原材料名のところにはysaの三文字しか書かれていない。日本語にするとコダラだ。味付けはおろか、塩すらも使っていないのか！　目を疑い、いくつかの商品を手に取りひっくり返してみたけれど、どれも同じこと。本当にただの素干しの鱈だ。ますます煮物の出汁しか思いつかない。干し鱈の袋を手に持ったまま、スーパーの棚の前で立ち尽くしてしまった。

この時は、夕飯のための買い物を頼まれて一人でスーパーに来ていたので、食べ方を聞ける相手もまわりにいない。仕方ないので買って帰ることにした。安いのを選んだのだけれど、１００g入りで１４００クローナ（約１４００円）。アイスランドの物価の高さを考慮してもけっこう高い。こんな素朴な食べ物なのに。

帰宅したら、家族も帰ってきたところだった。この時は、70歳前後の夫婦のもとにお世話になっていたのだが、子どもたちはとっくに独立し、静かな二人暮らし。といっても、二人とも趣味に自分のプロジェクトにと忙しくて、テレビの前に座って新聞を読んでいる老後というのではなく、家にいないことが多かったのだけれど。持って帰ったハルズフィスクルを見せて、「これどう食べるの？」と聞いてみた。

夫クリスチャンは、目を細めて言った。

「おお、懐かしいものを買ってきたね。よくバターを塗って食べたものだよ」

「え、バター!?　パンに塗るあのバター？」

「そうだよ。パンのようにして、軽食として食べるんだ。やってごらん」

言われるがままに冷蔵庫からバターを出した。些細《ささい》なことだが、こういうところもバターを出してくれるんじゃなくて自分で出しなさいというのが自立したアイスランドらしい。

ハルズフィスクルの袋を開けると、乾物のようなうまみの詰まったにおいが吹き出した。

裂いたひと切れをちぎり、まずはそのままかじる。うん、干し鱈だ。このまま食べることもできなくはないが、パサパサしているし、料理前の素材という感じ。昔うちで祖母が煮物に使っていたのと同じ味だが、あれよりも塩分は少ない。いい出汁が出そうだ。

しかし今日は煮物を作るのではない。「バターはたっぷりめがいいよ」というクリスチャンの言葉に従って、ちぎった鱈にバターを分厚く塗り、口に入れた。

なにこれ、うま！　先ほど気になったパサパサ感がバターの油脂分でしっとりし、そのせいかうまみがしっかり舌にのってくる。素材そのままの味から一変して、これは立派なスナックだ。久しぶりに食べると言いながら、クリスチャンも手を伸ばしてバターを塗り、口に入れてにっこり頷いた。

「バターを塗って食べるなんて、パンみたいだね」と言ったら、

「昔はパンのようなものだったんだ」と彼は言う。

「今はどこのスーパーにも食パンが山積みで、うちも常備しているけれど、アイスランドでパンがこんなに簡単に手に入るようになったのはそんなに昔のことじゃないんだ。北に位置して夏が短いから農業に向かず、大麦が少し育つ程度で、小麦はおろかライ麦やオーツも育たない。パンにする材料の穀物が乏しいんだ。その上、パンを焼くには窯が必要だけれど、木が育たないものだから窯を温めるのに十分な薪もない。わずかな穀物はお粥のようにして食べていたみたいだよ。でもね、穀物はないけれど魚は潤沢にあった。海に囲まれているからね。このハルズフィスクルのことを、アイスランドのパンだと表現する人もいるんだ」

魚がパンって…穀物がとれるなんてこと当たり前に思っていたし、穀物があってもパンが焼けないなんて状況考えたこともなかった。薪がなかったのか。あれ、薪？

「もしかしてハルズフィスクルの製造に塩がほとんど使われていないのって…それも薪が

なかったから？」

尋ねる私に頷くクリスチャン。

「薪がないと、海水を炊いて塩を精製することができないからね。鱈をさっと塩水に潜らせるくらいのことはしたかもしれないけれど、他の国みたいに塩漬けにするなんてことはできなかった。それで寒風にさらして乾燥させたんだ」

高温多湿なアジアだったら、乾燥する前に腐ってしまうかもしれない。まさにこのアイスランドの環境が生んだ保存食である。

そんな話を聞きながらも、私はハルズフィスクルにバターを塗って口に運ぶという動作を延々と続けていた。止まらない。牛肉に味付けして乾燥させたビーフジャーキーというのがあるが、こちらはいわばフィッシュジャーキー。味が強くない分ずっと食べ続けられてしまう。必要から生まれた昔の保存食というのは「食べられるけど特においしいものではないから時代と共に廃れていく」タイプのものが多いが、これは違う。クリスチャンは久しぶりだと言っていたけれど、「きっかけがなくてたまたま最近買ってなかったけれど避けているわけじゃない」と言うし、家に常備しているという人もいた。あれだけ広く売り場が取られていたから、少なくとも廃れているわけではなさそうだ。それに「100g中タンパク質85g」をうたったラベルは明らかに現代の筋トレマンをねらっているし。低糖質や炭水化物抜きダイエットが流行る昨今だが、数百年前からパンの代わりのように干し魚を食べていたなんて。

ところで、日本とアイスランドは遠く離れた国にして、案外共通点が多い。島国であること。プレートの境界に位置するため火山が多く、自然災害に多く見舞われること。そして漁業が盛んで魚食国であること。特に漁業については、世界的な寿司ブームによって「日本は魚をよく食べる国」として世界に認知されるようになったが、実は一人当たりの魚介類消費量はアイスランドの方が倍ほどもあり、87・1kgで世界一だ（FAO、2022年）。コインの絵柄はすべて魚やカニ、農業が難しく海に囲まれたアイスランドにとって漁業は昔から経済を支える重要な産業であった。日本以上に魚の国なのだ。

知れば知るほど、アイスランドの遠くて近い感じがおもしろくなってくる。似たような食べ物があるのも、自然なことなのかもしれない。今度日本のスーパーで干し鱈を見かけたら、バターを塗って食べてみようと思っている。

COLUMN（3）

大豆は本当に畑の「肉」だった

「大豆は畑の肉」という言葉を聞いたことがあるだろうか。大豆は畑で穫れるものであるが、動物の肉のようにタンパク質を豊富に含む、というのがその由来だ。もちろんこれは比喩だが、近年本当に大豆が肉になってきている。

スーパーに行くと、大豆ミートとか大豆ハンバーグといった文字が書かれた商品が、スーパーの精肉売り場の一角に並んでいる。ぱっと見、肉と変わらない見た目をしていて、中には食べてもそれとわからないほどうまくできているものもある。ゆで大豆をつぶしてそのまま固めても肉の食感や味にはほど遠いが、工業的製法で大豆からタンパク質を抽出して加工すると、肉のような食感を作り出すことができるのだ。この大豆タンパクを利用して肉に似せた商品は「代替肉」といい、2017年頃から世界的に普及してきた。特に元々肉食文化であるヨーロッパやアメリカでの浸透具合はすごい。オランダのスーパーに行くと、壁一面に代替肉製品が並んでいて、肉売場に引けを取らないくらいの広さ。商品の種類も、チキンナゲット、ベーコン、ハムにソーセージ、シュニッツェル（薄いトンカツのような料理）、さらに中華炒め用の肉、中東のシャワルマ（ケバブ）用の細切り肉といった各国の味もあり、きわめて種類豊富だ。私もいくつか買ってみたことがあるが、けっこうよくできていて、味も食感も申し分ない。これ本当に肉じゃないの⁉ と半信半疑でパッケージの裏を見ると、原材料欄にはたいてい大豆タンパクと書かれている。えんどう豆タンパク質や小麦タンパクのこともあるが、いずれにしろ植物性の材料で作られているのだ。

こういった代替肉製品が普及した主な理由としては、畜産業による環境問題と動物倫理、増え続ける人口を支えるための食料不足への懸念などの観点がある。人類が今のペースで肉を食べ続けるのは持続可能でないというのだ。

そう聞くと、代替肉というのはよい選択に思える。一方で「肉みたいだけれど肉じゃない製品」に対して批判する人もいて、「わざわざ肉の形に似せるくらいなら、素直に肉を食べたらいいじゃないか」という意見はよく耳にする。また、大豆は大豆で環境問題がないわけではない。大豆農地拡大のためにアマゾンの森林伐採が進んでいるという話を聞いたことがあるだろうか。ここで生産された農作物は動物の飼料にもなるので、動物肉を食べても代替肉を食べても森林伐採に貢献してしまうという状況になっている。それでも、代替肉はベジタリアンの友人とも一緒に食べられるのがうれしいし、肉よりずっと日持ちがするし、新しい食材としてのよさがあると私は思っている。それに、よく考えると、大豆は厚揚げやがんもどきといった食べ応えのある形に昔から加工されてきて、これらも日本の伝統的な代替肉といえるだろう。畑の肉は、実に肉だったのだ。

4

穀物が支える毎日の食卓

葉っぱに包まれ脇役に徹する米

ヨルダン「ワラクイナブ」

世界三大穀物といったら、米・小麦・とうもろこしだ。その中で、日本を含むアジアで広く食されているのが、米。日本の食卓では、西洋料理だろうとアジア料理だろうと白米に合うように作られておかずとなり、白米がいつも食事の中心にある。三大穀物というくらいだし、「米は主食として食べる作物だ」と信じて疑わなかった。

ところが、所変わると米の扱いも変わる。中東のヨルダンでは、米を野菜のように使う料理に出会ったのだ。

その料理の名前は、ワラクイナブという。ブルガリアではサルミ、トルコではドルマ、その他にヤランジ、ダワリ、ドルマデスなど地域によっていろいろな名前があるが、基本的には同じものだ。ロールキャベツのような形をしていて、人差し指くらい細くて、キャベツではなくブドウの葉で包んである。この時は、ヨルダンのジェラシュという街の丘の上に住む大家族にお世話になったのだが、初日に家に着いたらちょうどこのワラクイナブの支度をしているところだった。三世代同居のこの大家族で料理をするのは、お母さんのファティマ。テーブルの上には、洗ったブドウの葉がこんもり積まれている。

「このブドウの葉っぱは、庭で摘んできたんだよ。今は夏だからフレッシュな葉が使えるけれど、冬は手に入らないから、塩漬けして保存しておいた瓶詰のを使うんだ」

今の時期だけの味か！　そう言われると特別な気持ちになる。

包む中身も、ロールキャベツとは違う。ボウルに混ぜるのは、ひき肉、玉ねぎ、塩胡椒、スパイス類、そして、洗った生米をたっぷりと。米とひき肉の組み合わせといったら、炊いたご飯に火の通ったひき肉そぼろをのせたそぼろ丼やキーマカレーなんかは見慣れているのに、生米と生ひき肉という画《え》にはものすごい違和感がある。生肉の中にまみれた生米は、私がご飯茶碗で「主役」として食べている純白の白米と同じものとは思えない。脇役もいいところ、みじん切りにされた玉ねぎと同じ扱いだ。

ともあれ、これを葉っぱにのせてくるくると包んでいく。ファティマ母さんは、小ぶりなスプーンを取り出し、具材をすくって葉っぱの手前に置いて横に広げ、両端を折り込みながらくるりと巻く。私も同じくやり始めたら、

「煮ている間に崩れないよう、きつく巻くんだよ」

という言葉が飛んできた。よしわかったとばかりにぴっちりきつく巻いたら、今度は、

「きつすぎるとお米が水分を吸って膨らんではじけちゃうんだよ」

と言う。そこそこのきつさというのが難しい。

きつさ以上に難しいのが形だ。ブドウの葉というのはややこしい形をしていて、いわゆる木の葉形ではなく、手のひらを広げたような形で先が三つに分かれている。見た目はかわいいのだが、ぽろぽろこぼれる具材を包もうとするとちょっと厄介だ。切れ込みの浅い葉は問題ない。だが、付け根に近いところから分かれている葉は、具をのせて両端を折り込んだ時点で両脇にすきまができてあふれ出てこようとする。そこに小さい葉っぱを重ねたりなんだりしてごまかしながら次々包んでいく。

30分も包み続けると、目の前にはけっこうな量のロールができてきた。しかしボウルの中身は一向に減った様子が見えない。包み始めた時は、「これくらいならすぐ終わるかな」と思っていたけれど、一つ一つが小さいので案外進まないのだ。

二人で包んで、包んで、もっと包んで、そのうち置き場がなくなったので、鍋の中にどんどん重ねていった。いったい何段重ねただろう。鍋の高さの半分くらいまでぎっしり詰

まった頃、ようやくボウルが空になった。鍋の方には、骨付き羊肉、トマトペースト、それから水を入れてひたひたに。骨からいい味が出るんだという。豚骨スープならぬ羊骨スープか。ヨルダンは人口の約9割がイスラム教徒だから、豚ではなく羊肉なのだ。これに蓋をして火にかける。

一時間ほど煮ただろうか。ファティマが鍋の中身を確認して、一つ取り出して指で硬さを確認し、「うんよさそう」と言う。やった、できあがりだ！

器に盛るのだと思った。すると彼女は、大胆にもその大鍋を傾けて中身をざざっと金属のお盆の上にあけた。前が見えないくらいの豪快な湯気を上げながら、雪崩のように出てくるロールたち。鮮やかな緑色だった葉っぱは、落ち着いた黄緑色になっている。骨付き肉は、肉がやわらかくなって骨から外れかけながらごろんと出てくる。なんというか、すべてスケールが大きい。このお盆をテーブルに運び、トマトときゅうりをあえたサラダなども並べ、家族が集まって昼食となった。

ワラクイナブ。ブドウの葉に包まれた米は、どんな味になっているのだろうか。お父さんが取り、お兄さんが取り、まわってきた大きなスプーンで私も皿に取って、フォークで刺して食べる。想像を超えてやわらかい。ゴワゴワだったブドウの葉は、柔らかくしなやかになっている。中のお米は水分を吸って膨らみ、やわやわだ。味はというと、ロールキャベツから連想していた味よりも深みがありつつさっぱりして、酸味すらある。この酸味はどこから来ているのだろうと考えていたら、どうもブドウの葉だ。ブドウは実だけでなく葉にも酸味があるようだ。

肉のうまみとブドウの葉の爽やかな酸味、それから玉ねぎの甘み、スパイスの風味。それらすべてを受け止めるのが、米の役割。すべてのおいしい汁を吸ってスポンジのように膨らんだ米は、炊き立ての白米のおいしさとはまったく違う世界観でのおいしさを発揮していた。粒立ち・色艶《いろつや》・香りのすべてに気を遣い、私が主役ですと言わんばかりに白く高潔に輝く茶碗の白米に対して、ワラクイナブの米は徹底的に脇役で、自分の味や粒立ちなんて一切主張せずみんなのいい味をひたすら吸い込んでいる。

ふと横を見ると、父さんや兄さんたちはヨーグルトをソースのようにつけて食べている。「脂っぽさがさっぱりするんだよ」と言う。言われてみれば、肉１００％に比べると米が入っている分ライトだと感じていたけど、食べ進むうちに脂っぽさが口に残るようになっていた。ヨーグルトソースでさっぱりさせると、おいしさが再上昇。とはいえ米とヨーグルトという組み合わせはびっくりした。

米イコール主食と思っていた私には、野菜のように具材の一つとして輝く米の活躍に大いに動揺し、米とヨーグルトが協調することに驚き、米というものを考え直さざるを得なかった。お米は、主食かもしれないし野菜かもしれないしスポンジかもしれないのだ。

「白いご飯」の思い込み

コロンビア
「アロス・ブランコ」

アニメの力はすごい。日本食レストランなどない土地にも、日本食を知らしめているのだから。私はけっこう田舎を訪れることもあるのだが、大都市から車で数時間、家のまわりはジャングルでガスも水道も通っていない、みたいな土地に行っても、子どもが「どら焼き知ってる！」と目をキラキラさせて言うのだ。そんなのどこで知ったのと尋ねると「ドラえもんが食べてた」と。そして押し入れや布団といった知識をうれしそうに語る。なまじ日本食レストランで寿司もどきを食べている人よりも、日本文化に詳しいかもしれない。

そんなアニメの力もあって、ご飯茶碗を左手に持ち箸で食べる食卓風景も知られるようになった。そこで不思議がられるが、「どうして日本人は箸で米をつまんで食べられるの？」ということ。なるほど、考えたこともなかった。日本の米は粘り気があるから、普通に炊くと米粒同士がくっついてかたまりになる。だから箸で持ち上げるのは難しいことではない。しかし、この粘り気のあるジャポニカ米という品種群の米を食すのは、主に日本と韓国と台湾、中国の一部のみ。世界の生産量の約2割程度に過ぎない。残り8割、世界の大半で食されている米はインディカ米という品種群だ。粘り気が少なくパラパラしており、スプーンや手で食べることが多い。見た目の特徴としては粒が長いものが多く、特に長いバスマティライスという種類は炊くと1㎝以上にもなる。ここまでいくと米というよりもはや切れた素麺のようだ。とはいえ日本の米並みに短くて丸い種類も案外多く、ぱっと見違いがわからない。それでも粘り気は少ないので、箸で食べようとしようものならぽろぽろこぼれて、一粒ずつつまむようなかたちになる。そんな米の質感の違いは画面からはわからないから、「日本人はなんでこれが食べられるの⁉」と疑問に思うのだろう。

と、そんなお米の違いを一応説明できるくらいには理解したつもりでいても、自分自身も他国で米に出会うと、まったくわかっていなかったんだなと思い知らされる。

南米のコロンビアの「白いご飯」は、白いのに味付きご飯だった。首都ボゴタの郊外に住む家族のもとに滞在していた時。時計の針が正午を指す頃、母さんが「今日のお昼ご飯は豆のスープにしようかね」と言って立ち上がった。コロンビアは豆をよく食べる国で、豆自体も何種類もあるのだが、この日は最も代表的なフリホーレス・ロホと呼ばれる金時豆に似た赤茶色の豆だった。豆は前日に浸水させておいたようで、これを少しの豚肉と共に鍋で煮る。やわらかくなった頃に、別のフライパンで玉ねぎ、トマト、にんにくなどをみじん切りにして多めの油で炒め、それを豆の上にじゅっと注ぎ入れて風味を加えたら完成。器に入れ、ゆでじゃがいもも添えて、白いご飯と食べる。きわめて素朴な料理だ。

この料理、何となく絵面は知っていた。ネット検索で見たのだろう。だがすごくそそれるものでもなかった。だって、白いご飯とゆでたじゃがいもは「素材の味」だし、豆のスープも淡白な味。暮らしに根付いた感じは好きだけれど、味としては飽きそうだ。

ところが、豆スープの横で始まった作業で、自分の思い込みに気付かされたのだ。母さんは、まず鍋に油をひいて、つぶしにんにくと15㎝くらいの長めに切ったねぎを入れて炒め始めた。食欲を刺激するいい香りが立ってくる。そこにお湯を入れ、塩もひとつかみ投入。ぶくぶく沸いて、スープでも作るのだろうかと思ったら、おもむろに米を取り出して洗って投入したのだ。米を炊くのか！　塩と油はご飯のうまみを引き立てる。炒めたにんにくとねぎが、あらゆる料理をガツンと風味豊かに仕上げるのは、説明不要だろう。かくして炊き上がったご飯は、チャーハンのようなはっきりした味わいがあり、もうこれだけで食べられてしまうくらい。「ご飯、今日は特別な炊き方なの？」と聞いてみるが、「普通のアロス・ブランコ（白いご飯）だよ」という。実際、長く切ったねぎを取り除くと具らしいものは何もなく、のっぺり真っ白なご飯だ。しかもコロンビアの米は日本の米くらい短くて丸いので、ぱっと見日本の白いご飯と変わらない。見た目は同じなのに食べると、パラパラしてしっかり味がついていて、別物なのだ。この「白いご飯」と一緒に食べると、淡白な豆スープも飽きることなくちょうどいいバランス。素朴で淡白そうに見える豆とイモと白米の食事は、実はとっても風味豊かなものだったのだ。

コロンビア滞在中、この「白いご飯」を毎日のように食べた。ねぎとにんにくを炒めずに最初から全部入れて炊く人、米も軽く炒める人、ねぎなしの人。多少の作り方の違いはあれど、油と塩は必須。白いご飯に味がついているなんて、考えもしなかった。

インターネット、アニメ、YouTube。デジタルコンテンツにより各地の文化は素早く世界中に伝わるようになった。出かけずともローカルな情報が手に入る便利な時代だ。一方で画面で伝わる情報は限られていて、思い込みでわかったような気になっていることも多いのだなと痛感する。白米なんていうこの上なくシンプルなものでさえ正しく理解できていないのだ。一緒に作って食べてこそわかる世界があるから、食べ物はおもしろい。

お米大国の限りなく広いお米の世界

ベトナム
「バインセオ」

漢字で米国と書いたらアメリカのことだが、米を食べるのは圧倒的にアメリカよりアジアだ。私が米の国だと思うのは、アメリカではなくベトナム。米の生産量は世界5位、輸出量は3位。一人当たり消費量は6位（年間228kg）で、日本（年間73kg）の約3倍だ（以上全てＦＡＯＳＴＡＴ、2022年）。どれも1位ではないが、このすべてで10位以内に入っている国はベトナムしかない。たくさん生産し、たくさん輸出し、自分たちでもたくさん食べている。米は経済であり文化なのだ。そんなお米大国ベトナムには、お米を炊いてご飯として食べるだけでなく、様々なかたちに加工した米製品がある。

有名なのは、お米麺のフォー。平たくて透き通って歯切れがよく、小麦よりもお腹に軽くて屋台で食べる朝食の定番だ。フォー以外にも、ブンやフーティウなどお米麺だけで数々の種類があるのだが、私はまだ見分けがつかない。それから、薄く透明なライスペーパーは、水で濡らして野菜や魚介を包むと見た目も涼やかな生春巻（ゴイクォン）になる。これらに比べると知られていないけれど、バインナムは、透き通ったプルプルの食感がたまらない屋台おやつ。米粉とタピオカ粉をまぜた生地をバナナの葉に広げ、小エビも散らして包んで蒸したものだ。その他にも、主食からおかずからデザートまであり、ベトナムのお米の世界は、びっくりするくらい広い。

「これも米だったのか⁉」と驚いたのは、バインセオという料理だ。ぱっと見オムレツなのだけれど、黄色くて丸い生地を半分にたたみ、中にもやしやエビといった具材がはさまった料理だ。黄色い生地は薄焼きでぷくぷくして一部焦げ色がついて、薄焼き卵以外の何者でもない。だから日本のベトナム料理屋のメニューやｗｅｂ記事で見ても、ずっと「ベトナム風オムレツ」なのだと信じてきた。味が想像できるので一度も頼んだことはない。

それが勘違いだったと知ったのは、ベトナム南部の都市ホーチミンでのことだった。この時は中部のフエでの寺滞在を目的に訪れていたのだが、滞在を終えたあと空港のあるホーチミンに戻って一日あったので、以前訪れたハーさんに会いに行ったのだ。前々日くらいにメッセージを送ったら、彼女は3歳の子どもがいて仕事もしていて多忙なはずなのに「夕飯うちで一緒に作ろう」とあたたかいメッセージを返してくれた。

当日、郊外に住む彼女の家に着いたら、野菜を洗っているところだった。大量のレタスとハーブ、もやし、きのこ。

「ずっとお寺にいたなら、あんまりベトナムらしい料理食べてないでしょ。バインセオ作ろう」と笑顔で迎えてくれた。

おお、バインセオ！　定番ベトナム料理だが、食べたことがない。いいチャンスだ。本来は豚肉とエビを使うところだが、私がベトナム精進《しょうじん》料理に興味があって寺に滞在したこともあり、「今日は精進バージョンでやろう」と、用意してくれてあった白しめじと大豆もやしを指差した。なるほどどちらもうまみと食感があって、豚とエビの代用に良さそうだ。

「よし、じゃあ生地ね」と言ってボウルを出すハー。「卵割るよ」と腕まくりする私。すると「卵はいらないよ」と返ってきた。

え？　バインセオってベトナム風オムレツじゃないの？　卵なしでどうやって作るの？

彼女が棚から取り出したのは、Bột Bánh Xèo という文字とバインセオのイラストが描かれた粉の袋。bột は粉なので、「バインセオの粉」。まるでお好み焼きミックスみたいだ。

パッケージを手に取り、スマホをかざして裏の原材料表示をGoogle翻訳したら「米粉、タピオカでんぷん、ターメリック、…」と、予想していなかった原材料が並んでいる。卵はなくて、一番最初は米粉。ターメリックはスパイスの一種で、カレーの黄色のもととなっているものだ。バインセオはオムレツじゃなくて、ターメリックで色付けした米粉クレープだったのか！　驚きながら、ともかくも彼女の指示に従い作ることにした。

バインセオ粉をボウルに入れ、水を加えて混ぜる。うっすらクリーム色がかっているのはターメリックのため。私の知っている卵焼きみたいに鮮やかなバインセオの色よりはるかに薄いけど、色薄めのブレンドなのかな。そこにニラも刻んで入れた。

この生地を、油を熱したフライパンに注いで焼く。「バインセオの命はパリッとした食感だから、油は控えたらダメ」と言って、かなりたっぷり注いだ油の上に生地をおたまで2杯注ぎ入れた。ジュワッといい音がして、揚げ焼き状態で固まっていく生地。さっきまでうすいクリーム色だったのが、みるみる鮮やかな黄色に変わっていく。ハーはそこにもやしと白しめじをそれぞれひとつかみずつのせた。なんだか広島風お好み焼きみたいになってきたぞ。ここで蓋をした。

焼けるのを待ちながら、彼女は不思議なことを言い出した。

「前に日本に行ったんだけど、その時日本風バインセオを食べたよ」

なんのことだろう。写真を見せてもらったら、お好み焼きであった。ああ、確かに両方平らな粉物だものな。ふと気になって調べて、日本ではバインセオのことを「ベトナム風お好み焼き」と呼ばれていることを知った。オムレツじゃなくてお好み焼きだったのか。なんという勘違いをし続けていたんだろう。

数分してフライパンの蓋を取る。もやしと白しめじがさっきより少しくたっとしたような気がする。ハーは生地の下に木べらをすべりこませ、ぱたっと半分に畳んだ。うっすら焼き色がついた生地が、パリッと割れるようにして折れた。ジュージューとまだ音を上げ続けるのを木べらにのせ、皿に移動させるハー。表面がパリッとしていて、これは確かにオムレツではなくお好み焼きだ。そうしていくつか焼いて、食卓に運んだ。テーブルの上には、バインセオの5倍くらいの量の葉っぱが山のように積まれている。レタスやハーブ、小松菜のような大きな葉っぱも。

箸を渡されたので、バインセオの端を切って食べた。パリパリだ！　サクッと切れて軽やかで、お好み焼きとは違うこの食感は、米粉ならではのものだろう。横を見たら、ハーがニヤニヤこっちを見ていて、「こうやって食べるんだよ」と手本を見せてくれた。箸で切るところまでは同じだが、ここにライスペーパーが登場。さっと水に浸して少しだけ柔らかくしたライスペーパーを左手に持ち、葉っぱとハーブ、バインセオの切れ端をのせてくるっと包み、ちょんとたれにつけてぱくっと口に入れた。手巻き寿司のようだ。なんてこった、お好み焼きが手巻き寿司になってしまうなんて。真似してやってみる。別物だ！葉っぱやハーブに包むと、揚げ焼きにした生地の油っぽさが軽減されて、味のバランスがいい。その上、バインセオのパリパリ、レタスのシャキシャキ、ライスペーパーのもちっとが一体となり、いろんな食感があって楽しい。パリパリと、もちもち。同じ米からできているのに、こうも食感と味わいが異なるものか。米ってすごい。

考えてみれば、日本も米加工品の豊富な国だ。もち粉と上新粉と白玉粉はいずれも米からできた粉だけれど、何が違うんだっけ。米のせんべいってどうやって作るんだろう…。世界で食に出会うたびに、日本の食すらも大してわかっていないことに気付かされる。

共同窯のパン職人

ウズベキスタン「ノン」

パン職人という職業の人がいる。炊飯職人というのは聞いたことがないから、パンというのはそれだけ技術や熟練を必要とするものなのだろう。パン焼きの中でも「これは真似できないわ」と思ったのは、ウズベキスタンの「ノン」というパンだった。

ウズベキスタンは中央アジアに位置する農業国だ。雨が少なく乾燥した気候だが、アムダリヤ川とシルダリヤ川という大河川からの水の汲み上げで農業が行われていて、小麦の生産地。そのためか、麺や餃子のようなものなど小麦を使った料理が豊富にある。特にノンは重要で、直径40㎝ほどもある巨大な円盤形のものが毎日必ず食卓に登場した。朝食はジャムやカイマクというミルククリームをのせてノン。スープのお供もノン。プロフという米料理を食べながら、その合いの手にもノンを食べるのには驚いた。お茶請けにもノン。さらに食後にアイスクリームを食べた時、おばあちゃんがノンでアイスの器をぬぐって食べていて、これにはさすがに家族も笑っていた。

ノンは地域によってもバリエーションがある。どこも抱えるほど大きくて丸いのは共通で、厚さや模様付けにそれぞれ違いがあるらしい。有名なのは、古都サマルカンドのノンで、5㎝以上の厚みがあり真ん中が凹《へこ》んでいて、巨大ベーグルのよう。東部のフェルガナ地域の市場に並んでいたのは、厚みはその半分くらいで縁が三つ編みのような模様になっていて美しい。西部の街ヌクスでいつも食卓に上っていたのは、さらに薄く2㎝くらい。装飾もほぼなくシンプルだが、それでもヌクスのが一番記憶に残っているのは、窯から出てきた焼き立てを食べたからだろう。

あの時滞在していたのは、ヌクスの街の中心からバスで30分くらいの静かな住宅街だった。平屋の簡素な家が並んでいて、隣近所はみんな親戚か知り合いで、牛の声も聞こえる。そんな地域だ。

家の食卓には、いつも大きなノンがどんと置いてあった。食事の時だけでなく、家の人について近所の知り合いの家に遊びに行っても、お茶とノンを出してくれるのだ。出してくれた自家製チェリージャムをのせて食べながら「このノンおいしいね」と言うと、「これは数日前に焼いたのなんだ。ちょうどこれから焼くところだから見に行く？」

と言う。なんと、ノンも自家製だったのか！　しかしこんな大きいの、どうやって焼くんだろう。すごく大きなオーブンを持っているのか。手招きされて台所に行くと、やわらかく膨らんだ生地が白い布に包まれている。2〜3kgあるだろうか、ずっしり重い。これを焼く窯を目で探したが、丈夫なビニール袋に入れ、「二人で行ってらっしゃい」と言って30歳くらいの息子に渡した。家で焼くんじゃないのか？

彼について家を出て、ぬかるんだ道を歩いていくと、コンクリートブロックを積み重ねたような小屋が見えてきた。中に入ると、涼しい日だったが、ほかほかに暖かくてパンの焼けるいい香りがする。左奥の方には腰の高さほどの壺を伏せたようなものがあり、ひょろっと背の高い男性がその前に立って何か作業している。あれ、もしかして、窯か？　オーブンともピザ窯とも全く違う形だが、この状況であれが窯じゃなかったら一体何だというのだ。近づいて上の開口部から覗き込むと、中では炎で赤く照らされ、縦型の壺の内側にはノン生地が張り付いて焼かれている。窯だ！

一緒に歩いてきた彼は、生地を袋ごとひょろっとしたおじさん、いやノン職人に渡してベンチに腰かけた。ノン職人は窓際の台に向かい、生地を取り出し、私たちに話しかけながら作業し始めた。

生地を丸めて麺棒で伸ばして、丸いスタンプのようなものを真ん中あたりにポンポンポンと数回押す。スタンプはよく見ると剣山のように長い針がたくさん刺さっていて、針の並びが大輪の牡丹のような花形になっているので、ポンポンと押すと次々花が咲く。

この生地を焼くのだが、これが見たことのない技だった。円盤クッションと野球のグローブを一体化させたようなものの上に生地をすべらせてのせて、手を差し込んで、そのまま窯に移動して内側の壁にバンっと打ちつける。その一連の動きの美しいことと言ったら！　窯の中は相当に熱いはずなのだけれど、体半分窯の中なんじゃないかというくらい身を乗り出して、肩から先を突っ込み、壁の隙間に正確に生地を貼り付けていく。どうして生地がはがれ落ちないのかさっぱりわからないけれど、丸く伸ばした形そのままに均等に膨らんでいく。

生地を入れてから数分、先が曲がった針金のような棒で引っ掛けて引き上げると、湯気を出しながらパリッと焼けたノンが顔を出した。そのままポンっと台の上に投げると、ぱふっと勢いよく湯気が上がる。針スタンプで付けた花模様は、空気抜きの意味もあったようで、その部分は薄く縁は厚く焼き上がっている。「食べてみなよ」と職人は言う。いやでも私のじゃないし。するとベンチに座っていた彼が立ち上がり、ノンをちぎって食べ、私にも大きな塊をくれた。やさしいな。口に入れようとして、香りにうっとりした。外はパリッと香ばしく焼けて中はふわっとやわらかく、かむほどに小麦のうまみが感じられる。自家製の焼き立て、なんて贅沢なんだろう。興奮している私の横で職人の彼は次々とノンを焼き、持ってきた生地で十数枚のノンを焼き上げ、ほかほかのを布にくるんで渡してくれた。受け取ってお金を渡し、家に帰った。

家に着いて聞いたところによると、あれは村の共同の窯で、近所の人たちが自分の生地を持ち込んで焼いてもらうのだそうだ。「自分の家で焼くよりも効率的で、売っているのより嵩高に焼けて、おいしくてしかも安いからね。うちは一週間に一度くらい焼いてもらってるよ」と。縦長の窯はタンディール窯というそうだ。

確かに、あの半分窯の中に乗り出したような職人技は誰にでもできるわけじゃないものな。そう思って納得していたら、技の問題ではなく、家の窯で自分で焼く人も珍しくないというからこれまた驚いた。確かに、他の村では家の庭に窯がある家庭にいくつも出会った。この国はパン職人だらけなのか。

ところで、ノンという名前でピンときたかもしれないが、ノンはインド料理屋さんでお馴染みのナンと「兄弟」だ。ノンもナンもペルシャ（現在のイラン）を起源とし、窯と共に伝播していったとされている。ウズベキスタンではタンディール窯と呼ばれるのが、インドではタンドール窯。ナンやタンドリーチキンを焼く。インド家庭では「ナンは日常的に食べるものじゃないんだよ。焼くのに窯が必要で、一般家庭にあるもんじゃないからね」と聞いてなるほどと納得していたが、今度言われたら「ウズベキスタンでは家や村にあってノンは毎日欠かせないんだよ」と返そうと思う。一見似ていてこうも異なる文化に発展しているのだから、面白い。

パンはオーブンでできるのみにあらず

フィジー「ロロバン」

パンというのはオーブンで焼いて作る。そう思っていた。しかし東アジアには蒸しパンや中華饅頭など蒸したパンが各種あり、インドにはチャパティやロティと呼ばれる鉄板焼きの薄いパンが各種ある。そして南太平洋では、ゆでパンに出会い、パン＝オーブンのイメージはガラガラと音を立てて崩れていった。

訪れたのは、南太平洋に浮かぶフィジーという国だ。フィジー語という土着言語もあるが、イギリスの植民地であったため英語が広く通用する。アメリカやイギリスなどの英語圏よりも生活費が安く、さらに美しいビーチまでついてくるので、語学留学の行き先として人気がある。観光や砂糖産業により経済的にも発展していて、南太平洋地域のリーダーのような国だ。空港のあるスヴァは、高層ビルとショッピングモールが立ち、国連機関の地域事務所も集まる大都会。しかし街を少し離れると緑豊かな山や真っ青なビーチが広がっていて、時の流れ方が少しゆっくりになった気がする。

私が滞在させてもらったのは、そんな街から離れた村の家庭だった。30軒ほどの家からなる小さな村で、その村長の家族と過ごした。家族、といってもその範囲はやたら広くて、村長夫婦からその娘や息子夫婦に孫、そして親戚のおじさんなども一緒に住んでおり、いつも10人くらいいてにぎやかだ。その人数の割に台所はきわめてコンパクトで、鍋は大小3つほどとフライパン一つ、火元はガスバーナーを大きくしたようなケロセンストーブが一つ置いてあるだけ。ガスやIHのコンロはない。鍋を一つしか火にかけられないので、たまに必要になると外で火を炊いていた。

朝6時半頃起きたら、外でザッザッという物音がする。歯磨きがてら見に行くと、ノーラ姉さんがすでに何か作業している。彼女はこの家で一、二を争う早起きで、朝ごはんを作るのはたいてい彼女だった。1歳の息子は、他の家族同様まだ寝ているみたいだ。

朝から何をしているんだろうと思ったら、小さな木の踏み台のようなものにまたがり、その先端についたトゲトゲの刃物でココナッツの殻の内側の白い果肉を削っている。トンガ（p.187参照）と同様に、フィジーもココナッツをよく使う。鉛筆の削りかすのように細かくなったココナッツ果肉に水を加えて搾ると、白いココナッツミルクができた。横にしゃがみこみ、何に使うんだろうなあと思いながら眺めていたら、「朝食にロロバンを作ろうと思ってね」と言う。ロロバン（Lolo buns）のロロ（lolo）はココナッツ、バン（buns）は英語のハンバーガーバンズと同じでパンのこと。つまりココナッツの丸パンだと教えてくれた。なるほど、おいしそうだ。しかし、この家のコンパクトな台所にはオーブンなんてない。どうやってパンなど焼くのだろう。

ココナッツミルク搾りを終えたノーラは、そのボウルを持って家の中に戻る。台所に立ち、パン生地作りを開始した。赤いプラスチックのたらいを出し、小麦粉をばさっと、大きなコップで山盛り3杯投入。大家族だからか量が多い。そこにドライイーストをスプーン4杯、砂糖はスプーン1杯だけ。ぬるま湯を注ぎ入れながらボウルの中でこねる。水分多めの生地で、まとまるというか手にくっついてきている。ここまでやわらかいとこねられそうにないな。

私の知っているパン作りは、生地がもっと硬く、ひとまとまりになったのを台に出してよくこねる。こねることでグルテンが生成されてパンのふわっとした食感が生まれるので、重要な工程だ。そしてしばらくおいて発酵させ、倍くらいの大きさになったら成形してまた発酵させ、それから焼く。パン生地を扱うのはデリケートで気長な作業だ。

しかしノーラは、こねもせず発酵もさせず、べとべとする生地をちぎってげんこつ大に丸め、次々と鍋の底に並べていくではないか。オーブンもないし鍋なんか登場するし、本当にパン作りなのかと疑わしくなってきたけれど、「膨らんだ時にくっつかないように、生地同士の間を空けて置くんだよ」と言うから、パンのようだ。丸めた生地を10個ほど並べたら、ちょうど鍋底いっぱいになった。そこにココナッツミルクを注ぎ（そういえばまだ使っていなかった）、ケロセンストーブにのせて火をつけた。パンを、ココナッツミルクで、ゆでるのか？

まるで丸いパン生地が白い風呂に浮かんでいるようなビジュアル。ココナッツのパンだというから、ココナッツミルクを生地に練り込むのだと思っていたら、なんとゆでるのだ。パンをゆでるなんて発想は皆無だった。しかしノーラはいつものことなので涼しい顔。平らな金属板のような蓋をのせて、また外に出て行った。

30分ほど経っただろうか。「チェックしてみよう」とノーラが蓋をあけると、生地は先ほどの3倍ほどに膨らんでいる。あんなにたっぷりあったココナッツミルクはすっかり生地に吸われて干上がり、鍋は白い蒸しパンでおしくらまんじゅう状態になっている。フォークで刺して「うん、よさそう」と。火からおろし、庭でとってきたレモングラスをやかんに入れてお茶を用意したところで、家族も起きてきて朝食となった。

居間の床に布を敷き、皿とやかん、それからロロバンを鍋ごと運ぶ。いつも通り、全員揃うのは待たず来た人から順次皿にとって食べる。私も膨らんだロロバンを皿に一つ取ってもらうと、ハンバーガーくらい大きく団子のようにずっしりしている。焼き色はなく、蒸しパンのように真っ白。ゆでているのでやや汁気がある。手で食べるのも難しそうだしどうしようと思っていたら、遅く起きてきた村長妻は自分の皿の前に座り、おもむろにナイフとフォークで6つくらいに切り分け、皿の端に砂糖をとった。

「熱いから切って冷ますんだよ。そのままでもいいけど、砂糖をつけるともっといい」

もう、私のパンの概念を超えている。とにかくもまねして切り分け、フォークで突き刺し、まずは砂糖をかけずに食べる。もちもちだ！　ゆでたら水っぽくてべちゃっとしてるんじゃないかという不安を裏切って、蒸しパンよりももっちりしていて、ずっしり食べ応えがある。あんなにたっぷりのココナッツミルクで煮たけれど甘くなく案外さっぱりしているので、たしかに砂糖をかけたくなる。小学生くらいの子どもたちは、ロロバンを切ってたっぷり砂糖をかけて、鍋底に残ったココナッツミルクもちょっとかけて食べている。

今日は川に泳ぎに行こうよなんて話しながら、フォークを突き刺したパンを棒付きキャンディのように食べて、なんだか楽しそうだ。

「ロロバンの作り方は、祖母に教わったんだよ。特別なものではなく、週に一度は作る日常の朝食」

とノーラは言う。そういえば昨日の夜は、バンバカウ（Babakau）という薄い揚げパンを作っていた。また別の日は、インド由来のロティ（Roti）という平焼きパンをフライパンで焼いた。ゆでたり揚げたり焼いたりして、さらっとパンを作ってしまう。オーブンなしで、あの簡素なケロセンストーブだけでこんなにも多様なパンが生み出せてしまうなんて。

土地の道具や環境によって、様々な方法で作られるパン。次なるパンはどんな姿をしているのか、予想がつかないところがまた楽しみでもある。

子ども大好きな やわらかパスタ

ペルー「タヤリンヴェルデ」

世界各地に様々な麺があるけれど、パスタに敵《かな》うものはない。あちこちの国で若者が「ぼくは本当に簡単な料理しかできない」と恥ずかしそうに言う場合、「簡単な料理」というのはたいてい「朝ごはんのスクランブルエッグとひとりランチのパスタ」だ。パスタはゆでて市販のソースをかけるだけでいいから、フライパンの上で卵をぐしゃぐしゃとかき混ぜるのと同じくらいたやすい。そういうハードルの低さの他に、アレンジの幅が広く各地の食の嗜好《しこう》に合わせやすいのもパスタの魅力だ。和食材のたらこスパゲッティやトマトケチャップを使うナポリタン、日本生まれのパスタも数えればきりがない。世界各地にさまざまなローカルパスタがある。

これまでに出会ったパスタの中でも記憶に残っているのは、ペルーのタヤリンヴェルデだ。タヤリンというのは平たい細切りパスタの一種でイタリア北部の方言名、ヴェルデはペルーの公用語であるスペイン語で緑を意味する。よってタヤリンヴェルデは緑の細麺パスタといったところだ。緑のパスタといったら、バジルペーストが絡んだ爽やかなジェノベーゼが思い浮かぶ。ペルーはかつてイタリアからの移民を大量に受け入れた時代があり、イタリア由来の料理が多くある。それに移民の出身地として多かったのがジェノバのあるイタリア北部だから、タヤリンヴェルデもジェノベーゼパスタがルーツなのだろう。ところが、作り始めたらびっくりするほどに様子が違ったのだ。

お世話になった家庭は、標高2400mくらいの都市アレキパに住んでいた。2400mというと富士山の5合目くらいだが、アンデス山脈に位置するペルーではこの程度はまだ「高地の入口」。周囲には高い山々がそびえていて、左右対称に整ったフォルムの山を指して「あの富士山みたいなのが標高5800mのミスティ山だよ」というのだから、富士山(標高3776m)もびっくりだ。

この家は夫婦と二十歳手前の娘二人とおじいさんの五人家族で、料理をするのはファニタ母さん。本人は「私は料理がきらいなの！」と言うけれど、家族は母さんの料理が好きだ。ある晩、ソファでくつろぎながら娘二人に「特に好きな料理は？」と尋ねたら、二人揃って「タヤリンヴェルデ！」と言う。そこで私が「タヤリンヴェルデってなに？」なんて尋ねたものだから、タヤリンヴェルデについての熱弁が繰り広げられ、翌日の昼食はタヤリンヴェルデになった。

タヤリンヴェルデを作るのは、まず乾麺をゆでるところから始まった。「おや？」と思う。だって、最初に麺をゆでたら、ソースができあがる頃には麺がのびのびになってしまうではないか。だが、そんな心配は浅はかだったことをまもなく知った。というのも、ゆでてからのびる心配をする以前に、ゆでる時点でもうぷよぷよにゆでるのだ。アルデンテなんてものは存在せず、フアニタ母さんがチェックするために引き上げた麺は「このスパゲッティ太麺なのかな？」と思うほどにぷっくり膨らみ、指でつまむと容易にぷつりと切れる。お湯をきって鍋に戻し、油をまぶして、冷めないように蓋をかぶせ、それからおもむろにソース作りに着手した。

山盛りの緑の葉。当然バジルだと思ったのだが、香りが著しく弱く、かじってもバジルの香りがせず、「なにこれ？」と尋ねたら「ほうれん草だよ」と言われて脱力した。どうりでバジルらしくないわけだ。それでもほのかに香るのは、山盛りのほうれん草の隅の方に少しだけ、バジルの葉があるから。葉っぱをすべてミキサーに入れ、水と共にまわすと、緑のジュースのようになる。

鍋に油を熱してにんにくペーストを炒め、そこにみじん切りの玉ねぎを加えて炒める。いい匂いがしてきたところで、先ほどの緑のジュースをざっと注ぎ入れる。しばらく煮詰めると、とろっと濃厚なソースになってきた。その間にケソ・パリアというクリーム色でブロックのようなチーズをすりおろす。ソースとすりおろしたチーズを再びミキサーに入れてガーッと回すと、深緑色は白っぽくなり、淡い緑のクリームソースのようになった。ファニタはこれをパスタの鍋に一気に注ぎ入れ、大鍋いっぱいの麺をわっしわっしとまぜてソースを絡める。そしてそれぞれの皿に山盛りにのせ、鶏むね肉をステーキのように平たく焼いたものをのせて、食卓に運んだ。「これも持って行って」と渡されたのは、人数分のフォークと肉を切る用のギザギザナイフ。ナイフはもちろん鶏肉を切るためのものだが、それにしても長いスパゲッティの麺をナイフとフォークで食べるなんて初めてだ。

二人の娘は学校から帰ってきてから食べるそうで、大人たちだけで昼食が始まった。ソースの絡んだ麺を頬張ると、見た目の青々しさからは想像し得ないほどに、やわらかくクリーミーな味わい。チーズは余熱で溶けるのだと思っていたが、ケソ・パリアは溶けにくいタイプのチーズのようで、粒々の食感が残っていて楽しい。ジェノベーゼパスタに入っている松の実みたいだ。ジェノベーゼパスタは、バジルや松の実などが入って香り高く、「これがわかるのが大人だよ」と言わんばかりの上級者向けの味だ。それに比べるとタヤリンヴェルデは子どもにも好かれる味で、ぷよぷよのやわらかすぎる麺がよく似合う。

ふと横を見ると、母さんは肉だけでなく麺もナイフで短く切って、フォークにのせ食べている。ペルーは米料理も豊富だが、まるで米を食べる時みたいだ。父さんは私と同じように麺をフォークでくるくると巻き取って食べる。みんな思い思いの食べ方をしていて、作法にうるさくない。日本もナポリタンの麺はぷよぷよだし、和風パスタは箸で食べたりするから、なんだか親近感が湧く。パスタの本場イタリアの人が見たら、どう思うのだろう。わからないけれど、そんな魔改造をされる余地があるのが、パスタの面白いところだと思う。

世界には、米と一緒に短いパスタを炊いたり、デザートにパスタを使う文化もある。どれも初めはえっと驚くが、食べると納得のおいしさ。本場といわれる土地を離れてこそ、料理が独自の進化を遂げて新たなおいしさを作り出す可能性があるのかもしれない。

麺の引っ張りが命 ラーメンの親戚

キルギス「ラグマン」

ラーメンみたいな名前で、素麺みたいな作り方をし、うどんみたいに太くて白い麺に出会った。その名はラグマン。キルギスという中央アジアの国の家庭料理だ。

キルギスは中国の西に位置し、醤油や麺や箸といった中国の影響を受けた食文化が見られる地域だ。お世話になったのは、首都ビシケクから車で一時間の村に住む家族で、医師として働くディーリャ母さんと高校生の息子エルブルスくんの二人暮らしだった。父や兄はそれぞれ別の街で生活していて時々やってくる。母さんも平日は隣町での勤務のため数日帰ってこないこともあるけれど、この日は運よく土曜日。「ラグマンを作ろうか」というありがたい提案をくれ、飛び上がった。ラグマンといえばキルギスの代表的な料理だ。ラーメンに似た響きだなと思ったら、ラグマンもラーメンも中国の拉麺（ラーミエン）がルーツとされているらしい。ますます気になる。

まずは生地を作る。ディーリャはボウルに小麦粉と塩を入れ、水を加えながらこねて硬い生地を作り、ひとまとまりにした。それを台の上にのせ、ボウルを伏せる。このまま1時間ほど休ませる。

その間にソース作りだ。ラグマンは、ラーメンのようにスープを満たして食べるのでもなければ、うどんのようにつゆにちょんとつけるのでもなく、ゆで上げた麺に肉野菜煮込みをのせて絡めながら食べるのだ。

「野菜を切ってね」と命じられて、エルブルスくんと私は野菜刻み職人となった。パプリカ、トマト、玉ねぎ、セロリ、それから庭でとってきたにんにくの芽。セロリとにんにくの芽の青い香りが台所を満たす。全部刻んで、地元産の真っ赤な牛肉も小さなサイコロ大に刻んで、全部鍋に入れて炒める。といってもこの家の台所に火元はなく、玄関を出たすぐ横にベンチが置かれてそこにＩＨ調理器が据えられており、そこまで運んで炒めるのだ。なんでこんな不可思議なところに…と思ったが、「夏は台所で火を使う料理をすると暑くなるから」と言われて納得した。

そのうちトマトが煮崩れてソースのようになってきた。味付けは塩胡椒と醤油だけ。シンプルにして、ぺろっとなめると野菜のうまみがはち切れそうに満ちている。

さあ、生地伸ばしだ。ディーリャはボウルを外し、生地をふたたびこねる。寝かす前は表面ゴツゴツだったのが、つるんと滑らかになっている。これを大福サイズに分割し、両手で前後に転がしながら細長く伸ばしていく。じっと眺めていたら黙って目の前に生地の塊を置かれたので、見よう見まねで私も伸ばす。

ソーセージくらいの太さになったら、並べて油を塗って、ここからが本番。彼女は、右手はあいかわらず生地を前後に転がしながら、左手で生地の端をつまんで持ち、「引っ張りながら伸ばす」という作業を始めた。伸ばした生地はますます細くなり、紐のよう。均一な太さにすーっと伸びていく。その手つきの鮮やかなことと言ったら。私もやってみる。生地をしっかり寝かせたことと油の助けもあって、案外切れずに伸びていって気持ちいい。だがディーリャほどは伸びず、讃岐うどんくらいの太さになったのを「もうこれが限界」と台に置くと、彼女は黙ってそれを引き取りもうひと伸ばし。毛糸のような細さに仕上げていく。

思わず「さすが名人だね。料理は好きなの？」と言うと、「私は特別上手じゃないし、料理は好きじゃない。やらなきゃいけないからやるけどね。これくらい誰でもできることだよ」と作業する手を止めずに答える。こ、これで普通なのか…たしかにラグマンは一般的な家庭料理だ。だとしたらこの国は麺名人だらけだ。

一本伸ばしては小山にして置き、次の塊を伸ばしてはまた小山に。テーブルの上に紐の小山がどんどん増えていく。すべての生地が紐になったところで、両手を肩幅ほどに広げ、そこに紐を巻き取っていく。右手と左手の間を四〜五往復くらいしているから、一本で2mは優に超えるだろう。長い麺だ。

さて、エルブルスくんの姿が見えないと思ったら外のＩＨで大鍋にお湯を沸かしていたようで、「沸いたよ」と言って戻ってきた。ナイスタイミング。まっすぐに伸ばした麺を箸のような棒ですくい、それを掲げ持ったまま外へ。ぶくぶく沸いた鍋に投入する。噴き上がる対流の中を泳ぎ、真っ白から温かみのある白へと変わっていく麺。まるでうどんだ。ちなみに、日本のうどんは、引っ張るよりも生地を薄く伸ばして畳んで「切る」という製法が主流で、「引っ張って伸ばす」のはむしろ素麺の製法に近い。

５分ほどして麺を引き上げると、つやつやと輝いている。これをたらいにとって再び台所へ。テーブルの上にぽとんと置いて、くっつかないよう油を塗って次の麺を運ぶ。台所と玄関外のＩＨを何往復もすると、「やっぱりＩＨは台所にあった方が便利じゃない？」という気がしてくるけれど、まあ、暑いものな。

さあ、いよいよ食事だ。平らな皿に麺を盛り、野菜の煮込みを上からかけ、フォークで食べる。「スパゲッティみたいだな」なんて思いながら麺を巻き取ろうとすると、その長いこと。フォークがぐるぐるの麺まみれになってしまって横を見たら、二人は巻き取るのではなくフォークで引っ張りながら食べていた。なんだ、巻かないのか。そうしてようやく口に入れると、うどんのようにコシがあるというよりはやわらかく、それでいて小麦の味が深くて甘い。麺だけで相当うまいが、ここに肉野菜煮込みが加わると、にんにくの芽やセロリの香りが絡んで一層食が進んでしまう。エルブルスくんも私も、黙々と食べた。

ラーメンの親戚と思っていたけれど、素麺のように引っ張ってうどんのような太い麺を作り、スパゲッティのように具をのせて食べ、ただしうんと長い。説明しようとすればするほどややこしくなるのだが、食べたことのある要素があちこちに散りばめられている。言葉も風土も全く異なる土地だが、ラグマンには不思議な親近感を感じるのだ。

とうもろこし加工は４０００年前からの知恵

メキシコ「トルティーヤ」

世界三大穀物といえば、米・小麦・とうもろこしだ。しかし、主食としてのとうもろこしというのは、米や小麦に比べていまいちイメージが湧かないのではないだろうか。米は炊いて食べるし、小麦はパンや麺にして食べる画がぱっと思い浮かぶ。一方とうもろこしはというと、どうやって食べるのかいまいちピンとこない。そもそも、私たちが焼きとうもろこしやコーンスープにするとうもろこしはうんと甘いが、あんな甘いもの主食にできるのだろうか。糖尿病にならないだろうか。世界における三大穀物の生産量は、とうもろこし約12億トン、小麦と米がそれぞれ8億トン程度で、圧倒的にとうもろこしが多い（ＦＡＯＳＴＡＴ、２０２２年）。にもかかわらず、食卓での印象は圧倒的に薄い。なぜなのか。

実は、三大穀物の中でもとうもろこしは、見えないかたちで食されることが多い。だがその話をする前に、ここでいう穀物としてのとうもろこしとは、私たちの知っている甘いとうもろこしとは別物だということを明らかにしておきたい。焼きとうもろこしにする甘いあれはスイートコーンと呼ばれ、日本の農林水産省の区分では野菜に分類される。甘いしみずみずしい状態で収穫するから貯蔵がきかず、穫れたその季節に野菜として食べられる。

では穀物のとうもろこしはどんなものかというと、ポップコーンの種みたいなものだ。いろんな種類があるが、いずれも甘味はずっと少なくて、すっかり熟してカラカラに乾いたのを収穫する。最も多い用途が家畜の飼料で、そのほかにはバイオエタノールに使われたり、高度な処理で別の食品に加工されたりする。お菓子のパッケージの裏に書いてあるコーンスターチ、コーン油、みずあめ、果糖ブドウ糖液糖、加工でんぷんなどは、いずれもとうもろこしから作られているということをご存じだろうか。アメリカの著名なジャーナリストのマイケル・ポーランによると、アメリカのスーパーマーケットに並ぶ食品の4分の1にとうもろこし由来の原料が使われているのだという。生産量は多いけれど目に見えない、現代の食品産業を支える穀物がとうもろこしなのだ。

ただし、そんな工業的なとうもろこし利用が盛んになったは、せいぜいここ200年程度のこと。元は小麦や米と同じように穀物として食べられていたはずだ。

とうもろこしを主食にする国の代表が、メキシコ。とうもろこしの原産地はメキシコを含む中南米地域とする説が有力で、この地域では紀元前から食されてきた。メキシコは高度な古代文明の栄えた土地でもあり、マヤ文明やアステカ文明といった古代文明の遺跡からもとうもろこし栽培の痕跡が見つかっている。さらに神話の世界でも、マヤの創世神話『ポポル・ヴフ』では人間はとうもろこしから作られたとされているのだから、とうもろこしなくしてメキシコなしと言っても過言でない。

メキシコの料理といえばタコスが知られているが、その皮もとうもろこしでできている。屋台で頼むと、手のひらサイズの丸く薄い皮に肉などの具材をのせて渡してくれ、そこに刻み玉ねぎやピリッと辛いサルサ（ソース）をかけてかぶりつく。素朴な穀物の風味が香る生地に、ジューシーな肉汁と爽やかな辛味のあるサルサが染み込み、したたる肉汁を口で受け止めながら食べるのは痛快だ。街中を歩くと、朝は卵や豆をはさんだ朝用タコスの屋台、夜はがっつりお肉の夜用タコス屋台が登場して、一日中タコスの誘惑から逃れられない。

しかしメキシコの人たちがタコスを毎日のように食べるかというと、そうでもないらしい。「タコスを食べるのは月に1～2回かな。ストリートフードなんだよ」と教えてくれたのは、首都メキシコシティに住むナンシー（p.135）。彼と一緒に空港まで迎えにきてくれて、その足でお気に入りのタコス屋台に連れて行ってくれたのだが、ここに来るのは「海外からメキシコに帰ってきて、メキシコの味が恋しい時」。普段は家で料理をし、タコスは家で作るものではないという。日本人が家で毎日にぎり寿司を作らないのと同じことか。

そして、日本人が寿司は毎日食べないけれど米は食べるように、メキシコでもタコスの「皮」は毎日食べるらしいのだ。これはトルティーヤと呼ばれるのだが、メキシコにおけるパンのような存在で、毎朝家の近くのトルティーヤ屋さんに行って「1kgください」と紙に包んだ束を受け取るのが日課だった。卵や野菜を炒めたのを包んだり、裂いたゆで鶏を包んで筒状にして揚げたり。特に好きだったのは、朝食のケサディーヤ。フライパンにトルティーヤをのせて、チーズをのせて半分に畳み、押し付けるようにして焼くのだ。すると中のチーズがとけて、トルティーヤはパリッとしていっそう香り立つ。数日経って硬くなってしまったトルティーヤは、切って揚げてチップスのように食べたり（トトポス）、フライパンで卵と共にスクランブルエッグのように炒めたり（ミガス）。最後まで無駄なく変化する。

で、トルティーヤだけでも相当おもしろいのだが、とうもろこしの食べ方はトルティーヤだけではなかった。焼く前のトルティーヤ生地に肉や豆などの具材を包んでまんじゅうみたいにしたのをつぶして焼いたのはトラコヨという。とうもろこし生地に油脂をまぜてとうもろこしの葉に包んで蒸したのは、タマレス。ふわふわで蒸しパンみたいで、頬張るとふんわりとコーンの甘味が広がり、また違ったとうもろこしの表情に出会う。このタマレスは、アトレというもったりした飲み物片手にかじりつくのが朝の街角の定番風景なのだが、アトレもとうもろこし粉で作られる。つまりとうもろこしを飲みながらとうもろこしを食べていることになる。とうもろこし三昧だ。

きわめつけの驚きは、とうもろこし加工の技術であった。トルティーヤなどの生地は、単にとうもろこしを挽いた粉から作るのだと思っていたら、実は特別な加工をしているのだった。硬い粒の状態で消石灰入りの水でゆで、皮を落としたのちに強力なグラインダーで挽くのだ。とうもろこしを挽いただけの粉は水を入れてこねようとしてもサラサラと流れてしまって一向にまとまらないのだが、この方法で処理すると、粘土のようにまとまりのよい生地になり、薄いパンにもまんじゅうのようにも自在に加工できるようになる。さらに重要なのが、栄養的観点。人間の体に必要な必須アミノ酸の吸収がよくなるという大きな利点があるのだ。この加工はニシュタマリゼーションというのだが、なんと4000年前のオルメカ文明の時代に端を発するというのだから驚きだ。

とうもろこしを水あめに変えてしまうここ200年の食品工業技術もすごいけれど、4000年も前からこんな高度なとうもろこし加工の知恵をもっていたなんて。「影が薄いな」と思っていたとうもろこしだが、メキシコの食卓における歴史の長さと変幻自在さに触れると、もはや神秘的な輝きすら感じてしまうのであった。

練り粥づくりは力仕事

ケニア「ウガリ」

東アフリカにあるケニアに滞在したのは、十年以上も前のことだ。当時とうもろこしを使った食べ物といえば、とんがりコーンとポップコーンのようなさくさく軽いスナックしか知らなかった私にとって、そこで出会った主食としてのとうもろこしの食べ方は衝撃であった。ひとくちひとくちが重たく、お腹にずっしりたまるのである。

その食べ物の名は、ウガリという。毎日食卓に上り、テーブルの真ん中にどんと置かれていた。見た目は巨大なそばがきの山、あるいはざらざらした粘土の塊のよう。圧倒的存在感を放っていた。

この家では、日中お手伝いさんに来てもらっていて、彼女の一日の最後の仕事がウガリ作りだった。ケニアでは農村の家庭でもお手伝いさんを雇うことはよくあって、この家でも村のはずれに住む女性に来てもらっていたのだ。彼女の名前は忘れてしまったのだが、

Mから始まるかわいらしい名前だった記憶があるのでマリーと呼ばせてもらおう。

マリーは台所に造り付けになった石の竈《かまど》に薪をくべて火をおこし、鍋に水を満たして置いた。鍋はぷくっと膨らんだかわいい形をしているのだが、金属が分厚くてどっしり重く、毎日の使用で真っ黒に煤《すす》けて威厳がある。お湯が沸くのを待つ間に、マリーは鍋よりさらに大きい特大サイズのタッパーを出してきて、火のそばの木の腰掛けにしゃがんだ。タッパーの中には少し灰色がかった白い粉が入っている。「とうもろこしの粉だよ」と言う。そういえば先日、とうもろこしの粒を機械で挽いていた。ウガリに使うのはメキシコのものとは違って、単に粒を挽いたもの。家の畑でとれたのを家の庭で挽く。シンプルだ。

お湯が沸いたらタッパーの蓋を開け、中に入っていたお皿でとうもろこしの粉を山盛りすくって、鍋の中に投入。さらにもう一杯。お湯の上に浮いた粉の山は、放っておくと下の方から固まっていこうとする。なので巨大な棒を鍋に突き刺し、ボートを漕ぐように上下前後にして動かしてまぜる。そのうち全体が均一な粘り気のある生地になっていく。「私にもやらせて」と頼んで棒を受け取ったが、固まりゆく生地は想像以上に重くて、彼女の4分の1くらいのスピードでしかまぜられない。そうこうするうちに大量のダマを作り出しそうになり、棒を取り上げられてしまった。一家の食事を台無しにせずに済んで、内心ほっとした。マリーが引き締まった両腕でガシガシと棒を動かすと、鍋の中のダマは崩れて全体が巨大な粘土のように固まっていく。「彼女は家の仕事でウガリ作りが一番好きなんだ。しかもおいしく作るんだよ」とこの家の母さんは言う。額に汗をうかべながら、にっこり笑うマリー。母さんももちろんウガリは作れるが、マリーが得意で上手だから任せているのだと言う。

生地が均一に固まったら、鍋を火からおろし、煤のついていないきれいな鍋に中身を移し、布団のように大きくて分厚い布を取り出した。この布で鍋を包んで、夕飯まで数時間ほど置いておくのだという。「こうして蒸らすことでふっくらおいしくなるんだよ」と言う。蒸らしがあるなんてちょっとお米みたいだ。そうしてマリーは自分の家に帰って行った。家では子どもたちが待っているから、鍋いっぱいのウガリをまた作るのだという。なんてパワフルなんだ。

さて、マリーが帰った後、母さんはおかずを作り始めた。毎日のように作るのはスクマウィキと呼ばれるケール炒め。別の鍋では鶏肉を煮る。できたおかずは鍋ごと食卓へ。

ウガリの包みをあけると、布はぬくもりをもっていて、中の鍋はまだほかほかだ。これも食卓に運ぶ。畑仕事から帰ってきたおじいさんおばあさん、おばさん、外で遊んでいた

3人の子どもたち、みんな食卓に集まってきた。一人一人、カレー用のような大皿に自分の分を盛る。

ウガリはスプーンか何かですくうのかと思ったら、ナイフが横に添えられた。すくうのではなく切るって、なかなかな硬さだ。家族は、こんもり小山のようになったウガリにナイフを入れて、ケーキのように三角形のピースを切り出して皿にとっていく。取り分けたその一切れもボリューム満点。皿にウガリとおかずをとったら、食卓や居間のソファにめいめい散っていった。7人家族プラス私で8人、食卓は全員がまわりにつくには椅子が足りなくて、テレビのついている居間のソファはおじいさんの定位置だった。私は、母さんと下の子たちと共に食卓についた。

食べるのは、フォークやスプーンではなく手を使う。ひとまずウガリをちぎって食べてみる。ぼそぼそして、穀物らしい甘味はあるものの、土気を帯びた素朴な味。これ全部食べられるのか不安になった。家族の食べ方を横目で見ると、ウガリはそのまま口に運ぶのではなく丸めている。右手の指先で大ぶりにちぎったのを、手のひらと4本指を使ってぎゅっぎゅと長細い形ににぎり、先を親指でへこませておかずをすくうようにして一緒に口に運ぶのだ。まねしてやってみると、先ほどのぼそぼそ感とはうってかわって汁気の染み込んだウガリはなかなかうまい。何を食べるかよりもどう食べるか。正しい食べ方を知っていることは大事だなと心の中でつぶやく。

とはいえ、にぎったウガリ団子を三つも食べるともうお腹いっぱいになってくる。ずっしりしているので見た目以上にお腹に溜まるのだ。しかし、木登りしていた子どもたちや畑仕事をしていたおじいさんたちは、もりもりよく食べる。手が止まっていた私は「ウガリを食べないと強くなれないよ」と言われた。

「たまにご飯を炊くこともあるんだけどね。男の人なんかはご飯を食べた後に『で、ウガリは？』なんて聞いてきたりする。ウガリがないと食べた気がしない、すぐにお腹が空くって言うんだよ」

母さんも語る。そんなバカなと思ったが、この家族と三ヶ月ほど生活していたら、そのうち私もウガリがないと物足りなくなってきた。最後まで、みんなが食べるほどの量は食べられなかったけれど。

薄くてパンのように食べるメキシコのトルティーヤと、ずっしりお腹に溜まるケニアのウガリ。「主食としてのとうもろこし」でもこうも違うものかと感心してしまうのだった。

インドの台所は豆天国

インド「ダール」

日本の豆料理の名前をいくつ挙げられるだろうか。豆腐や納豆などの大豆製品を使ったものだけでも数十は出るだろう。食事系だけでなく甘い系もあり、小豆を甘く煮たあんこは和菓子に大活躍。地方に目を向けると、甘い煮豆や醤油味のひたし豆など各地域の豆を使った郷土の豆料理がある。自分の子どもの頃を思い出しても、主菜が麻婆豆腐で油揚げの味噌汁と煮豆が同じ食卓に並び、食後に小豆あんの大福を食べる、なんてことも珍しくなかった。日本の食卓に豆は欠かせない。

しかしそんな私の豆経験も、インドを訪れたら、それこそ豆粒のように小さなものに思えてきた。宗教的に菜食者が多く、肉や魚の代わりのタンパク源として豆が選ばれるという事情もあるのだろう。豆の活躍の幅がとんでもないのだ。おかずからスープから揚げ物にお菓子まで、豆の形が見えなくてもあらゆるところにあらゆる形で豆が使われていて、無意識に豆を口にする。何かを食べていて、「これ豆だよ」と言われて目を丸くすること数知れず。インド国内にいて豆を食べない日はなかったんじゃないだろうか。一人当たりの年間豆供給量は、日本1・28kgに対してインド15・67kg、実に約12倍の豆を食べている（FAOSTAT、2022年）。

一番よく食べるのは、なんと言っても豆スープだろう。最も広く話されるヒンディー語ではダールと呼ばれるが、広大なインドにはインドには公用語だけで22言語あるので、地域ごとに様々な呼び名がある。作り方や味わいも多少異なるが、それでもほぼ全土で食べられているというのだからすごいことだ。

ダールという言葉は、料理名以外に素材自体の名称でもあり、「半分に割った豆」という意味だ。圧力鍋で豆をやわらかく煮て、蒸気が噴き出すけたたましい音が3回くらいしたら火からおろし、別の小鍋に油を熱してスパイスを加えて香りを出し、それをじゅわっと豆の上から注ぎ入れてさっとまぜる。すると素朴な豆の味わいが一気に豊かになる。風味豊かだが辛味はなく、やさしい味わい。日本の味噌汁にあたるような位置付けで、毎食のように皿にのった。ITエンジニアとして来日したインド人の友人たちに、日本に来て初めて作った料理を聞くと、答えは決まってダールだ。「ご飯とダールがあればとりあえず食事になる」のだそうだ。

一回に使う豆はたいてい一種類だが、マスールダール（レンズ豆）、トゥールダール（キマメ）、ムングダール（緑豆）などいろんな豆で作れる。一度、滞在先の家庭でキッチンにずらっと並んだ銀色のバケツのような容器を一つ一つ開けて見せてもらったことがある。オレンジや緑や黒や白のカラフルな豆が次々と出てきて目を見張った。豆はいずれも小粒な上に、半分に割って皮をむいてあるので、ひと晩水に浸しておく必要がなく、調理時間も短い。毎日豆を使うインドならではの加工の工夫だ。


南インドで、ダールと同じくらい重要なのがサンバルというスープだ。豆と野菜を煮て、トマトやタマリンドやスパイスで味をつけた酸味のあるスープだが、豆が入るのでとろみがついてご飯に絡みやすくなる。皿の上でおかずやご飯を手で混ぜて一体化させて食べるインドでは、このとろみがいい仕事をする。

豆の活躍は煮るだけではない。南部の朝食の定番であるドーサは私の好きなインド料理の一つで、いわばパリッとしたクレープだ。鉄板に白い生地を流したら、小さいお椀の底で円を描くように伸ばし広げて、クレープよりもっと薄く焼く。片面がうっすら茶色くなってきたら皿に取り、辛いマッシュポテトやチャツネ（ソース）をつけて食べるのだが、パリッと焼けた食感と香ばしさがたまらない。なんでふわふわではなくこんなにパリッとするんだろうと思っていたのだが、小麦粉ではなく米と豆で生地を作っているのだと知った。ウラドダール（ケツルアズキ）という豆を使うのだが、米だけだとパリパリでもろくなってしまうところ、豆が糊《のり》のような働きをして生地がしっかりするのだ。豆がクレープのようになるなんて、考えたこともなかった。

ところがさらに驚いたことに、豆はパリパリのクレープだけでなくふわふわの蒸しパンにもなるのだ。カマンドークラはインド西部グジャラート州の軽食で、小麦粉も卵も使わずひよこ豆を挽いた粉で生地を作る。ひよこ豆粉に重曹などをまぜた生地を型に流して鍋で蒸すと、黄色いふわふわの蒸しパンのようになり、そこに甘酸っぱい汁をかけて染み込ませて四角く切って食べる。初めて食べた時は混乱した。ふわふわでしっとりして甘酸っぱくて、豆くささもパサパサした感じも一切ない。一緒に作って過程もすべて見ていたのに、「これ本当に豆なの？」と聞き返してしまった。にっこり笑った彼女は、翌日ひよこ豆粉で作る団子入りのカレーのような料理を教えてくれた。さらにおやつには、ひよこ豆粉とギー（精製バター）を炒って砂糖を加えて丸く固めたお菓子ラドゥ。かじるとほろりと崩れて、きなこ菓子のようなのだ。こんなにも変化幅があるなんて、ひよこ豆粉、すごすぎる。

そんなわけで、インドを訪れてその豆文化の深さに圧倒され、彼らも日本の豆料理を気に入ってくれるに違いないと信じていた。ところが、日本に住むインド人の友人らに言わせると、豆腐は「味のないパニール（インドのソフトチーズ）」、納豆は「においが…」と評判がいまいち。たしかにスパイスのきいたインド豆料理とは180度違う味わいだ。さらに驚いたのは、インド滞在中に「日本では大豆をよく食べるんだよ」と話したら、「大豆ってどんな形してるの？」と逆に尋ねられたこと。たしかにインドは豆大国だが大豆はほとんど使わず、目にするのはすでに加工されたソヤチャンク（大豆ミート）くらい。日本とは、豆の種類も料理の仕方も味つけも相当違うのだ。

ひとことに豆料理と言っても、見ている世界が違うのだと思い知った。

アジアの納豆は調味料？

インド・ナガランド州「アクニ」
タイ東北部「アティ」

日本に行ったことがあって日本食大好きだよという外国人の方に会うと、つい「納豆は食べた？」と聞いてしまう。言ってから意地悪だなと思うのだが、向こうもこのやり取りには慣れている。ここで「また食べたいくらい好きだよ」と言われると相当な通だなと思うし、「あれはちょっと」と言われるとなぜか少し安心する。納豆というのは、独特の匂いと糸引く見た目から、誰もが好きになるものではない。日本人度を試すテストになるくらい、日本らしい独自文化だと思っていた。

しかし日本の外にも、納豆があったのだ。

インド北東部のナガランド州は、インドの中でも独特の文化をもつ土地だ。インドの他の大半の地域とは人種も宗教も異なり、インドというよりタイやミャンマーなどの東南アジアとの共通点が多い。食に関していうと、カレー味のスパイスを使わない。いわゆるインド料理というのは、地域差こそあれクミンやコリアンダーなど数種類のスパイスをひとつの料理に使うから、なんでもカレー系の味になる。しかしナガランドの人々はほぼ唐辛子しか使わず、「インド人はなんでもマサラ（ミックススパイス）味にする」なんて顔をしかめながら言うのだ。自分もインド国民なのに、「インド人」という呼び方が興味深い。

では代わりに何で味を作るかというと、発酵食品だ。実はナガランドは知る人ぞ知る発酵天国で、たけのこ、里芋の葉、魚など身の周りのものを発酵させてうまみを生成し、調味料として巧みに使う。その発酵食品の代表格ともいえるのが、アクニというういわば納豆だ。ゆでた大豆をいちじくやバナナの葉で包み、カゴに入れて台所の焚き火の上に架けて1〜3日おくと、葉についた菌の力で大豆が発酵する。滞在した家庭では、ちょうどアクニを作るタイミングだった。包みを開けると白い綿状の毛に覆われた豆が姿を現し、スプーンですくうと糸を引く。顔を近づけると、納豆に少しアンモニア臭を足した強めのにおいがする。こんなところで納豆に出会うなんて！

この時は、日本を離れてひと月半ほど経っていた。糸引きを見た瞬間、醤油をかけて白いご飯にのせて食べたくて仕方なくなった。しかし、ここではそのままは食べないようなのだ。料理上手の母さんに「家族みんなが好きなのは豚肉のアクニ煮だよ」と言われてさすがに耳を疑った。ナガランドでは、燻《いぶ》して乾燥した豚バラ肉を料理にしばしば使うのだが、これをアクニで煮るというのだ。肉をぶつ切りにして鍋に入れ、唐辛子、トマト、塩を入れ、そこにアクニをたっぷりひとすくい。火をつけて「ここから最低一時間半煮るんだよ。長く煮るほどおいしくなる」という。ただでさえ強い匂いのする納豆を、火にかけるのだ。不穏である。

しばらくすると、なんとも言えない匂いが台所を満たした。急に懐かしくなってしまった。日本以外では決して嗅ぐことのない匂いに、心は日本に引き戻された。

「おなかすいた…いい匂いだね」

思わず漏らすと彼女は驚いて、

「これがいい匂いだって思う？　あんたはナガ人だね。インドの他の地域で料理すると、匂いがご近所トラブルの種になるんだよ」

という。私が納豆で日本人度をテストするのと同じように、アクニでナガ人度をテストされてしまった。

一時間半して鍋の蓋をあけると、とろっとした茶色い煮汁をまとった豚角煮ができあがっていた。豆は粒の形が半分とけて、ちょっと味噌煮のような見た目だ。これをご飯にかけ、ゆで野菜を添えて、手で食べる。
興奮を抑えながら口にすると…うまい。どうしようもなくうまい。豚肉の脂身の甘さにアクニのうまみが重なり、深みのある味わいが生まれていたのだ。味噌煮のようなうまみ大膨張の味わいを唐辛子のピリッとした辛さが引き締め、ご飯が止まらない。その様子を見て彼女はうれしそう。次の日もその次の日も、アクニで料理を作ってくれた。煮る以外にも、唐辛子やにんにくをまぜて少量をご飯に添えるという漬物のような食べ方も。しかし醤油をかけてそのまま食べるということは一度もなく、その話をしただけでびっくりされた。納豆は、調味料なのだ。

タイの東北部でも、納豆に出会った。山岳部に住むアカ族という少数民族の村にいた時だ。彼らの納豆はアチィというのだが、これはナガランドのアクニよりはるかに穏やか。ゆでた大豆をいちじくの葉に包んで発酵させるところまでは同じだが、なたで叩いてひきわり納豆状態にして、それをせんべいのように丸く薄く成形してカラカラになるまで天日干しするのだ。なたで叩く様子は、大量の納豆が糸を引きながらべちょべちょの塊になっていくので決して美しいものではなかったが、干してしまうとなんと品の良いものになることか。せんべい状になったものに鼻を近づけると、強烈な匂いは消えてお日様に干した布団を思わせるようなカラッとした香りがし、もちろん糸も引かない。これを炙って砕いて野菜のスープに入れると、さっと煮るだけで味噌のようなうまみが加わり使い勝手がいい。干す時ににんにくやら唐辛子やらをまぜたものもあり、これはすでに味ができあがっているのでこれ一つでほぼ味が決まる。しかも乾燥しているので日持ちがする。そんなすぐれもの調味料がアチィなのだ。

ノンフィクション作家の高野秀行さんは、著書『謎のアジア納豆—そして帰ってきた〈日本納豆〉』の中で、日本は実は納豆後進国なのではないかと語っている。いろんな料理に使ったり味のバリエーションがあるアジアの国々の納豆に比べて、日本のはそのまま食べるだけで食べ方が発展していないからだ。言われてみればその通り。納豆は日本が誇る独自文化だと思い込み、納豆テストで外国人を値踏みしていたのが恥ずかしい。納豆は、アジア全体の文化で、日本はその辺境かもしれないのだ。

COLUMN（4）

「主食」とは何か

どこそこの国の主食は何か。簡単そうに見えて、案外難しい問いだ。

そもそも、主食とは何なのか。辞書で「主食」を調べると、「日常の食事で、主となる食べ物。米飯・パンなど（デジタル大辞泉）」と書かれている。なんとなく炭水化物でなければいけない気がしていたが、米飯・パンは例として示されているだけで限定はされていない。ということは、肉を主に食べていたら「肉が主食」ということもありうるのか？

日本の主食は米だ。中国も韓国も毎食白米が茶碗に盛られている気がするから、米が主食なのだろう。ではヨーロッパの国々の主食は何か。パン、と言いたくなるが果たしてそうなのか。フランスのレストランに行くとパンがカゴに入れて出されるが、これは肉料理などのソースを食べるための位置付けで、テーブルの真ん中に置かれたカゴから1〜2切れ取る程度。茶碗いっぱいの白米を食べるようにカゴいっぱいのパンを食べる人は見たことがない。配膳からしても、肉料理が目の前にあってパンカゴは手を伸ばさないと届かないところにあるのだから、パンはどうも主食ではなく「脇役」だ。また家庭の夕飯では、食卓にパンが上らないことの方が多かった。

ヨーロッパの北の方の国は、じゃがいもをよく食べる。夏にフィンランドに滞在していた時なんて、この時期だけの新じゃがいもを毎食のようにゆでてはおかずと一緒に食べていた。ドイツでは、肉料理のお供はマッシュポテトやじゃがいもの団子を食べることが多い。しかしいずれの国でも、朝食や軽食にパンを食べる。主食はじゃがいもなのかパンなのか？

さらに混乱したのがモンゴルだ。冬は肉、夏は乳製品をもっぱら食べるのが伝統的な食事の形態だ。今はパンや乾麺も食べるけれど、街から離れた草原や砂漠の生活では常にあるものではない。私が訪れたのは夏だったので、お腹が真っ白になりそうなくらい毎日乳製品だったが、冬は一転して肉になるらしい。ということは彼らの主食は「夏は乳製品で冬は肉」ということになるのだろうか。穀物ではないし、しかも季節で変わる。そんな主食があるのか？

世界を見ると、主食という概念自体がわからなくなってくる。それに日本ですらも、主食が米かというのは実はあやしい。総務省統計局の家計調査によると、２０１０年代から米とパンの購入金額が逆転するようになり、２０２０年以降は安定してパンの方が米よりも購入額が多くなっているのだ。ということは、お金で計ったら、現代日本人の主食はパンなのか？

うーん、主食って何だ。

笑顔が咲く
おやつタイム

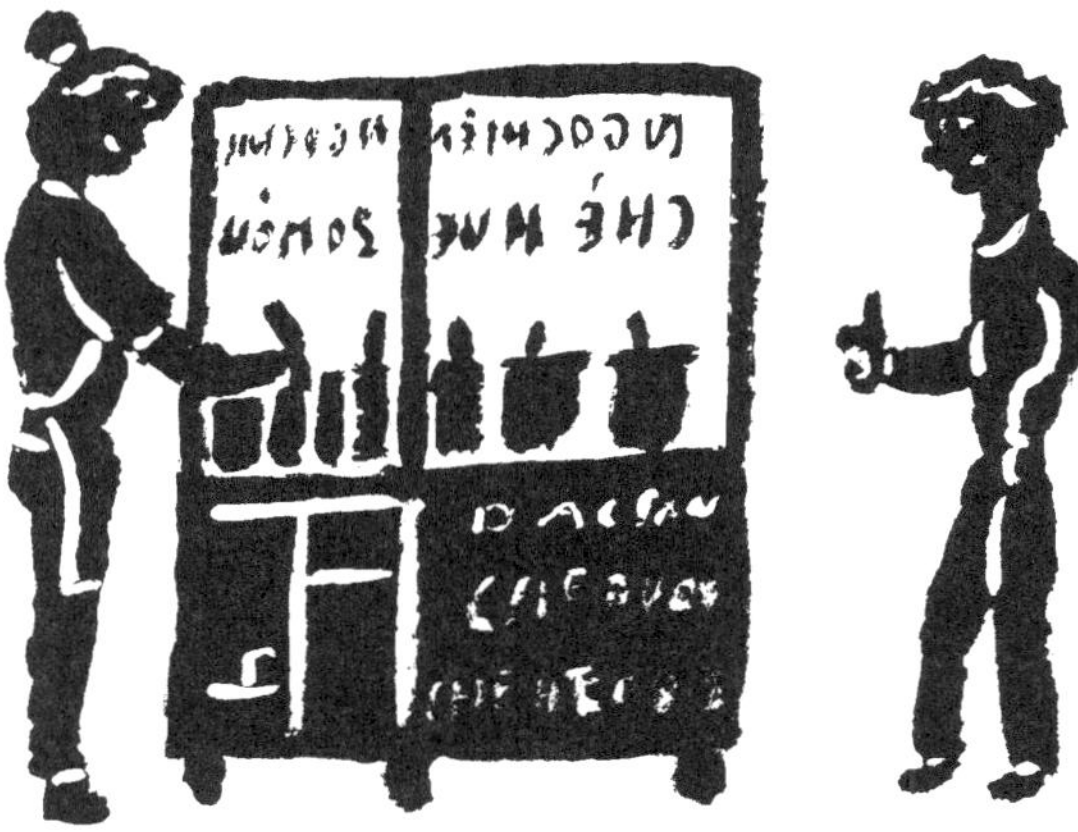

5

お米が甘いデザートに

スペインおよび中南米「アロス・コン・レチェ」

お米をミルクで煮たデザートがある。最初食べた時は「米が甘い」ことに戸惑ったが、今では自分で作るほど好きだ。

そのデザートは、アロス・コン・レチェという。スペインや中南米の国々で食べられているものだが、アロスはスペイン語で米、コンは「～と」、レチェはミルクだから、「米とミルク」という意味になる。

初めて出会ったのは、10年前のペルーだった。街のにぎやかな通りを歩いていると手押し車の屋台で売られていて、鍋の中にとろっと濃厚な白いお粥のようなのが満たされている。何かわからないけれどお粥かな？　と思いながら「ひとつください」と頼むと、おたまですくってアイスクリームカップのような浅広い器に入れて、シナモンをかけて渡してくれた。お粥にシナモンとは、ちょっと様子がおかしい。

色は白よりもクリーム色に近く、スプーンですくうとお粥とリゾットの間くらいの固さ。

ひとくち食べるとミルキーな甘さが口に広がった。牛乳の自然な甘さというよりも、練乳のようなぎゅっと煮詰めた甘さだ。お米は主食の食材と信じきっていたから、甘いデザートになることに大混乱したが、濃厚なミルキー味は非常に好みですぐに夢中になってしまった。後で作り方を調べたら、国による違いが多少あり、ペルーのものは米を水でやわらかく煮た後に無糖練乳（エバミルク）と加糖練乳（コンデンスミルク）を加えて煮詰めるらしい。

しかし、驚きはこれで終わりではなかった。世界各地を訪れ始めたら、似たようなものに度々出会う。甘いお米のデザートはきわめてメジャーなものだったのだ。イギリスではライスプディング、ドイツではミルヒライス、フランスではリオレという名前で、お米をミルクと砂糖で濃いめに煮詰めたものを、冬の時期によく食べる。インドでは、ヒンディー語でキール、タミル語でパヤサムなどと呼ぶのだが、長い米を使うためさらっとしていて、カルダモンやサフランで香り付けしてナッツを散らすとちょっと華やかな趣になる。お釈迦様が苦行で衰弱していた時に食べたという話もあるくらいだから、相当歴史が古いのだろう。中東地域ではリズ・ビ・ハリーブなどの名前で広く食べられており、こちらはバラやオレンジの花の香りが付けられる。
地域差はあるものの、共通するのは、ケーキ屋さんで買うものというものではなく至って家庭的なデザートであるということ。特別な道具を使わず鍋一つでよく、家に常備してある食材で作れるからというのもあるのだろう。

日本人にとっては「米がデザートに!?」とびっくりするけれど、これは「米＝主食」の思い込みに基づく反応なのだろう。逆にわれわれのあんこは、豆をスープや煮込み料理として食べるヨーロッパや中南米の人々には顔をしかめられることも少なくない。何をおいしく感じるかは、慣れによるものが非常に大きい。築き上げた常識を超えた先には、意外なおいしさが待っているかもしれない。

パリパリとろりの特大チーズケーキ

ヨルダンおよびパレスチナ「クナーファ」

日本人は、チーズケーキが好きなようだ。日本におけるチーズケーキ人気の始まりは1960年代で、はじめはアメリカから持ち込まれたベイクドチーズケーキが主流だった。そのうち焼かないレアチーズケーキが考案されて流行り、1970年頃にはふわふわのスフレチーズケーキが登場して外国で「ジャパニーズチーズケーキ」と呼ばれるほどの人気に。さらに平成に入るとチーズ蒸しケーキがコンビニでも買えるほどに普及し、終盤にはチーズタルトが流行り、スペインの地方生まれのバスクチーズケーキの流行で平成は幕を閉じた。手を変え品を変え、チーズケーキが流行る。あなたもチーズケーキ好きな一人だろうか？

もしそうだったら、西アジアから北アフリカにかけてのアラブ地域で食べられているチーズケーキ、クナーファをおすすめしたい。正確にはケーキというよりも焼き菓子だが、チーズを使った丸くて大きいスイーツなのでややケーキっぽい。チーズケーキというとアメリカやヨーロッパのイメージがあるかもしれないが、人類が乳加工を始めたのは西アジアとされているから、この地域にチーズケーキがないはずがないのだ。

クナーファは屋台やレストランでも食べられるが、ヨルダンの家庭で作る機会に遭遇した時は、そのスケールに驚いた。カダイフという髪の毛級に細いパスタにギー（精製バター）を絡めたのを、抱えるほど大きな銀色のお盆に敷き詰め、自家製のヤギ乳チーズをのせ、さらにカダイフを重ねて手で押さえてガスコンロにのせる。厚さは2㎝くらいと薄いが、とにかく大きい。一口の火には到底収まらないので、横並びの二口を点火してくるくる回すようにして焼いていく。しばらくするとバターのようないい香りが立ち上ってきて、下面がうっすら色付いてきた。ここに同じサイズのお盆を重ねてえいっとひっくり返し、再びガス台にのせて反対面を焼く。もう待ち遠しくてならないが、そう思うのは私だけではないようで、居間が騒々しくなってきた。焼き上がったところにナッツを散らし、砂糖シロップをたっぷりかけたら完成だ。

「火傷に気をつけて」と言われながら巨大なお盆を掲げて居間に運んだら、待ちわびた子どもたちが飛びついてきた。私も一切れ、焼き立てのクナーファにかぶりつく。甘いシロップが絡んだカダイフは、パリパリからしっとりになる間の絶妙な食感で、とろりと溶け出すチーズと合わさるともう手が止められない。今この瞬間がなすおいしさだ。

日本のチーズケーキは、ずっしり、なめらか、ふわふわなど食感を変えて流行ってきた。しかしパリパリしっとりでチーズが溶け出すようなものは見たことがない。令和の時代には、東京の街角でクナーファが買える日もくるのだろうか。

キラキラ輝く 工芸品のようなひとくち菓子

トルコ「バクラヴァ」

日本の和菓子は、素朴にして繊細な美しさがあるが、アラブのお菓子はまた違ったきらびやかな工芸美がある。中でも目をとらえて離さないのは、バクラヴァ。宝石店のような豪奢なお店に、キラキラ輝く一口大の四角いパイのようなお菓子が放射状に積み重ねられていているのだ。

さぞ高級なんだろうと思っていたのだが、これが案外身近なお菓子のようで。行事の時に食べたり贈り物にしたりと登場機会は意外と多く、ヨルダンの家庭に滞在していた時は「一つ食べる?」と言って箱を開けて差し出された。高級チョコレートのように整然と並ぶ、美しいバクラヴァたち。全体的に焼き菓子色の茶色だが、緑のナッツがはさまれたもの、ピンクの花びらがのったもの、日本では見ない彩りが並んでいる。いただき物なんだとか言っていた気がするが、どれにしようか選ぶのに夢中だったのでよく覚えていない。一番スタンダードそうなのを取ったら、パイのような層構造の真ん中あたりには緑色のピスタチオを砕いたのがぎっしり詰まっている。パイと違うのは、層がみっちり詰まっているのと全体がてかてかしていること。つまみ上げるとずしっと重量感があり、噛むと生地に染み込んだ砂糖シロップがじゅわっと口の中にあふれる。焼けた生地の香ばしさ、シロップの甘さ、うっすらバターの芳醇な香りもして、そこにナッツのざくっと食感。ひとくちの中の芸術的な味のバランスにうっとりした。しかし頭がキンとするほど思いっきり甘くて、思いの外お腹にたまる。「バクラヴァはおいしいけど一粒でちょうどいいんだよ」という家族の言葉に納得した。

このバクラヴァ、パイと似ているから、パイ生地にナッツを挟んで焼くのかと思っていたら、実はとんでもなく技術のいる作業があったのだ。ミルフィーユなどに使われる層状のパイ生地は、生地にバターをはさんで何度か畳んでは伸ばすことで層構造が作られる。焼くとバターが溶けて膨らんだ部分が隙間となるので薄い生地が重なったようになるが、あの層の一枚一枚を伸ばして作るわけではない。ところがバクラヴァは、本当に一枚一枚薄く伸ばした生地を重ねるのだ。日本に住むトルコ人の方に作るのを見せてもらったのだが、テーブルに広げた生地を餃子の皮よりもさらに薄く伸ばして、向こうが透けて見えるくらいになったらこれを型に敷き詰めていく。2枚ごとに溶かしバターを塗っては重ねていき、中盤でピスタチオを散らしたらまたさらに重ねていく。オーブンで焼いたら、その焼き立てさくさくに砂糖で作ったシロップをたっぷりかけて染み込ませてできあがり。

私はパイ生地も餃子の皮もできあいのものを買うことに慣れきっていたから、あんなに薄く伸ばせることが信じられなかった。今は家で作らない人も多いそうだが、工芸品を生み出す家の料理人の技術には尊敬が尽きない。

昆布も肉もスイーツに屋台パフェ

ベトナム「チェー」

ベトナムを訪れると、屋台に繰り出して必ず食べるスイーツがある。チェーという。温かいのと冷たいのがあるのだが、私は冷たいのが好きだ。一言で言うと田舎っぽいパフェのようなかき氷。縦長のグラスに、豆やイモを甘く煮たもの、タピオカやゼリー、もちもちの団子や果物などの具材をあれこれ入れて氷をのせて長いスプーンで食べるというデザートだ。

決まった組み合わせで頼むこともできるけれど、自分で選んで好きなものを入れてもらうのが醍醐味。私は煮豆に目がないのだが、豆違いで何種類もあるし、イモも見慣れない色に興味を惹《ひ》かれ、団子もほしいなんて思うと、目移りして決められない。第一、色とりどりの具材が入った鍋がずらっと並んだ光景はそれだけで気分が上がる。そして、どんな組み合わせで頼んでもいつもおいしい。煮豆や団子単体でもうれしいのに、全部一緒に食べられるなんて。いろんなものをちょっとずつ食べたい欲張りな心がぐっとつかまれる。

家の手作りチェーも期待していたのだが、誰もが「いろんな具材が入ったチェーなら屋台で食べるが一番」と言う。たしかにそうだ。迷うほどの選択肢を与えてくれる専業の屋台はありがたい。

そうやってチェー屋台に通っているとだいたい定番はわかってくるのだが、時々びっくりするものに出会うことがある。夜のホーチミンの手押し車屋台では、見慣れないチェーを売っていた。グラスに昆布やれんこんを入れて、さらに大麦、はすの実、そしてドライフルーツにシロップ。どう考えても煮物にしか思えない食材の組み合わせがパフェのように美しく層をなしてグラスに入っているというのは、頭が混乱するものだ。しかし、すくって食べるとやさしい甘さで、不思議と全体がうまくまとまっている。昆布すらもスイーツになるとは驚きだ。体が中からきれいになりそうなデザートだった。

ベトナム中部のフエという街は種類豊富なチェーがあることで知られる。チェーが好きなんだとわめいていたら、「ぜひ食べてほしいのがある」と屋台に連れて行かれ、そこで出会ったのが肉団子のチェーだった。肉のデザートと聞いてさすがにやや引いたのだが、手渡されて首を傾げた。パフェ的なチェーとはまったく違い、白くて丸い団子が六つほど透明のスープに浮かんでいるだけ。唯一の具材であるその団子をかじると、中は甘しょっぱく煮込んだ肉そぼろ。醤油味がほんのり甘いスープに不思議と合って、やみつきになる。最初は「わけっこしよう」なんて言いながらおそるおそるだったのに、「気に入ったなら全部食べなさい！」と言われ結局一人で食べてしまった。

スイーツといったらフルーツやクリームののったものを思いつくものだが、普段はおかずになる豆やイモも、昆布や肉でさえも、スイーツになってしまうのだ。チェーの創造性、おそるべし。

家族の時間を作る クリスマスクッキー

ポーランド
「ピエルニチキ」

クリスマスの甘いものといえば、クリスマスケーキだろう。日本ではいちごのショートケーキが定番だが、他の国の事情が気になる。「あなたの国ではどんなクリスマスケーキを食べるの？」と各国の人々によく質問していたのだが、「ケーキじゃないな…」と返ってくること数知れず。そうする中で、クリスマスを祝うお菓子はケーキだけではないということを知るようになった。

ポーランドもそんな国の一つだった。クリスマス時期のお菓子といえば、焼き菓子や揚げ菓子など小さなものが色々あり、中でも私が思い出深いのがピエルニチキ。クリスマスの時期だけのスパイスクッキーだ。シナモンやクローブやジンジャーといった温かい香り系のスパイスを練り込んだ生地を型抜きして焼くのだが、これを作るのが子どもたちの楽しみの一つ。ちょうどこの時期にポーランドの家庭に滞在していた私は、「そろそろ作ろうよ」とせがむ子どもたちのおかげで一緒に作らせてもらうことが叶った。

数日前に仕込んで寝かせておいた生地を父さんが取り出して麺棒で薄くのばし、母さんが箱いっぱいの抜き型を出してくると、子どもたちは興奮して次々型を押し始めた。天使や雪だるまといった定番の型だけではなく、それぞれの興味にあわせて親が買ってあげた型も。「できるだけすきまなく押すんだよ」という父の声は届いているのかいないのか。私は一番小さな雪の結晶型を手にし、お姉ちゃんが押すギターと弟が押す消防車の間を埋めるように押していった。ふと見ると子どもたちがなまの生地をつまみ食いしているから慌てたのだが、親は平気な顔。

「ピエルニチキの生地はおいしいんだよね。食べ過ぎなければ大丈夫」

と言って自身も口に入れる。それならば私も。たっぷり練り込まれたはちみつの甘味とスパイスの風味がねっとり広がり、不思議とハマる。

型抜きしたものは、天板に並べてオーブンへ。5分ほどしていい香りがしてくると、子どもたちはオーブンに走っていく。扉に張り付くようにして中を眺め、焼き上がるなり手を伸ばしてつまみ食い。うれしそうな顔をするじゃないか。ピエルニチキは、おばあちゃん家に遊びにいく時に持って行ったり、家族が集うティータイムに食べたりして、みるみる減っていった。

「ピエルニチキの味自体は、数枚食べれば十分なんだけど、作るのが楽しいんだよね」

と父さんは目を細める。たしかに、型抜きの興奮もつまみ食いも、家で作ってこその楽しみだ。

ピエルニチキに似たクリスマス時期のスパイスクッキーは、ヨーロッパ各地にある。クッキーなので主役になることはないが、軽くつまめるのがちょうどいい。ヨーロッパでクリスマスといえば、仕事も学校も休みになり家族で過ごすシーズン。当日の夜だけでなく、親戚など含め集まる機会がちょこちょこたくさんある。生地を作るところから食べるところまで、ピエルニチキは家族の時間を紡いでいるようだった。

おわりに

台所探検から帰ると、いつものご飯にほっとします。油もにんにくもない白いご飯、煮ても溶けないじゃがいも、ココナッツミルクではなく醤油で食べる刺身。世界各地の料理や土地の味との出会いは大大大好きですが、体が落ち着くのはやはりいつものご飯のようです。それも、触れたことのなかった味に触れることで、これまで当たり前に食べていたものが当たり前でなくなり、一層愛おしく思えてくる気がします。

この旅を通して、みなさんの「当たり前」に新しい風が通ったならばうれしいです。私たちの体は食べたものでできていますが、体だけでなくものの見方や考え方も、食べるもので形作られる部分があるはずです。なす一つとっても、ヨルダンのサマルさんと私では全然違う大きさと形のものを想像したように、「当然これが正しい」と思っていることは、案外いい加減なものかもしれません。決めつけていた当たり前がゆるりとほどけて、多様なあり方を楽しめる社会になったなら。そんな未来を切に願っています。

本書に収めた台所探検のほとんどは、友人の紹介で家庭を訪れたものです。友人の直接の知り合いのこともあれば、トンガの家族のように「友人の旦那さんの旧友の親戚」という4ステップのつながりのことも。紹介してくださる方々と、こんな遠い知り合いを受け入れてくれる家庭の方には、いつも感謝が尽きません。そうやって人の縁で、太平洋に浮かぶ島の村に住む人にめぐり会えるのですから、地球の暮らしは地続きなのだなと思うのです。

本書の旅はここでおしまいですが、普段の食卓から、ぜひあなた自身の旅の続きを作っていってください。食卓は、世界につながる入口を開いてくれることでしょう。

世界の台所探検家　岡根谷実里

岡根谷実里（おかねや・みさと）

世界の台所探検家。１９８９年長野県生まれ。東京大学大学院工学系研究科修士修了後、クックパッド株式会社に勤務し、独立。世界各地の家庭の台所を訪れて一緒に料理をし、料理を通して見える暮らしや社会の様子を発信している。30以上の国と地域、１７０以上の家庭を訪問。講演、執筆、研究などを行う。京都芸術大学客員講師、立命館大学ＢＫＣ社系研究機構客員協力研究員、大阪大学感染症総合教育研究拠点（ＣｉＤＥＲ）連携研究員。著書に『世界の台所探検 料理から暮らしと社会がみえる』（青幻舎）、『世界の食卓から社会が見える』（大和書房）『世界ひと皿紀行 料理が映す24の物語』（山と渓谷社）など。

台所探検家、地球の食卓を歩く

２０２５年２月20日　第１版　第１刷発行

著者　岡根谷実里

装丁　漆原悠一（tento）
装画・本文イラスト　山口洋佑
本文ＤＴＰ　株式会社Ｓｕｎ Ｆｕｅｒｚａ
校正　聚珍社
印刷・製本　日経印刷株式会社

発行所　株式会社ＷＡＶＥ出版
〒１３６-００８２　東京都江東区新木場１・18・11
E-mail　info@wave-publishers.co.jp
https://www.wave-publishers.co.jp

NDC 596　287P　19cm　ISBN978-4-86621-508-2